Lançamento: janeiro de 1998.
Revisado e atualizado em maio de 2011.
Capa: Andrey Lamberty

T814c Trevisan Lauro
Cure-se você é seu próprio remédio / Lauro Trevisan – Santa Maria : Editora da Mente, 2015.
328p. ; 14 x 21 cm

ISBN 978-85-7151-016-6

1. Controle da mente 2. Cura pela mente
3. Psicologia 4. Autoajuda 5.Medicina I. Título
CDU 159.962.7

Ficha Catalográfica elaborada pela Bibliotecária Eunice de Olivera – CRB 10/1491

EDITORA DA mente

Pedidos: Editora e Distribuidora da Mente Ltda.
Rua Tuiuti, 1677 - Caixa Postal 559
97015-663 - Santa Maria - RS - Brasil
Fone (Oxx55) 3223.0202 - Fax (Oxx55) 3221.7184
E-mail: mente@editoradamente.com.br
Site: www.editoradamente.com.br
Autor: laurotr@uol.com.br
Site do autor: www.laurotrevisan.com.br
Rede social: www.facebook.com/lauro.trevisan

LAURO TREVISAN

CURE-SE
VOCÊ É SEU PRÓPRIO REMÉDIO

17ª Edição

Santa Maria - RS - Brasil
2015

DUAS REGRAS BÁSICAS PARA A SAÚDE

Regra um: Toda cura é autocura.
Regra dois: Não esquecer a regra um.

CURE-SE

Certa vez, um moço resolveu abandonar a casa do seu pai. Pediu a herança e partiu para longes terras. Lá, cercado de amigas e companheiros de farra, gastou tudo que tinha e viu-se abandonado, solitário, esfarrapado, sem casa, doente e faminto.

Para matar a fome, aceitou o trabalho de cuidar dos porcos. Mas, nada lhe davam de comer a não ser o que ia para os animais.

O tempo foi passando e ele estava nas últimas, enfermo e miserável.

Foi quando voltou a si e recordou a época gloriosa em que vivia na casa do pai, feliz, saudável e rico.

Resolveu: "Vou voltar para casa, pedir perdão a meu pai e viver com ele, mesmo que me trate como o último dos seus empregados".

Tomou o caminho do retorno e foi recebido com festas pelo pai, que exclamava feliz: "Meu filho estava morto e ressuscitou, estava perdido e foi reencontrado".

Esta história, contada por Jesus, pode significar a vida humana.

Você foi criado por Deus saudável, feliz, amado, rico, protegido, em perfeito bem-estar.

Um dia, no entanto, decidiu sair pelos caminhos e descaminhos da vida, em busca do seu el-dourado. Enfrentou dificuldades, decepções, necessidades, brigou, irritou-se, magoou-se, fez o diabo.

Às vezes, a carga era pesada demais, as desgraças batiam à sua porta, mas você prosseguiu na luta.

O tempo foi passando e você cansou de tanto sofrimento. As forças enfraqueceram e a doença minou o seu corpo.

Hoje, quem sabe, você anda aí pelos cantos da vida, doente, solitário, sem condições financeiras, desamado, abatido. Talvez nem tanto.

Então, pare pra pensar: A vida é só isso? Meu caso tem cura?

A GRANDE OPORTUNIDADE

Se você decidir voltar para onde saiu, para dentro de si mesmo, encontrará o caminho, a resposta, a saúde, a felicidade, o bem-estar, a riqueza e o amor.

Dizem os sábios que todo Poder está dentro.

Ao retornar para a sua própria casa interior, encontrará a Força, a energia curadora, a solução, a vida.

Até a Medicina reconhece que toda cura é, em última análise, autocura.

Em você está o médico, o remédio e a cura.

Cure-se.

A BOA NOTÍCIA

Sim, a boa notícia é que tudo tem cura e a saúde já existe em você.

A solução é bem mais fácil do que você pensa. Louise Hay escreveu que a palavra incurável, que espanta tanta gente, nada mais quer dizer senão que esta condição particular, que não tem solução por meios externos, a solução deve ser buscada interiormente.

Quer curar-se?

Siga em frente.

Não olhe para os esforços que já tem feito e nem para o passado.

Siga em frente.

Aceite o diagnóstico médico, mas rejeite o veredicto.

Siga em frente.

Você é maior do que qualquer doença.

Siga em frente.

A enfermidade veio do nada e deve voltar para o nada.

Siga em frente.

Venha, desde já, ao encontro da sua saúde.

Há milhões de exemplos de curas e de milagres. O próximo pode ser você.

Recolha o que a ciência já descobriu a respeito da autocura.

Em frente.

Chegou a sua hora de fortalecer a saúde, de curar-se.

Dizia Sófocles: “De todas as maravilhas do mundo, o homem é a maior”.

Você conhece esta maravilha?

Então, siga em frente.

Estou com você.

Carinhosamente.

ÍNDICE

CAPÍTULO 8

CAPÍTULO 9

CAPÍTULO 10

CAPÍTULO 11

CAPÍTULO 12

CAPÍTULO 13

CAPÍTULO 14

CAPÍTULO 15

CAPÍTULO 16

Capítulo 1

A MARAVILHA HUMANA

Tudo que é finito acaba. Mas, o fim deve ocorrer de forma natural. O ser humano é finito e sua consumação deve acontecer suavemente.

A doença, porém, determina um fim dramático e traumático.

Há, portanto, algo de errado, e muito errado, na enfermidade.

A doença constitui-se numa agressão à ordem e harmonia do ser humano.

O Dr. Paul C. Haebersold, que em outros tempos foi diretor da Divisão de Isótopos da Comissão de Energia Atômica, disse o seguinte:

"Os médicos costumavam pensar sobre o corpo humano como sendo uma máquina que ingere comida, água e ar, principalmente, como combustível, para continuar operando. Apenas uma pequena parte, segundo se pensava, era para a substituição do desgaste da máquina.

As investigações feitas com isótopos, têm demonstrado que o corpo, ao invés disso, é muito mais parecido com um regimento militar muito fluido, que pode reter seu tamanho, sua forma e sua composição, muito embora as pessoas nele estejam mudando continuamente e, agregando-se a ele, sendo transferidas de um posto a outro, sendo promovidas ou rebaixadas, atuando como reservas e, por fim, partindo depois de algum tempo de serviço. Estudos de traçado mostram que a transformação atômica do nosso corpo é bem rápida e bem completa. Em uma semana ou duas, a metade dos átomos de sódio será substituída por outros átomos de sódio. O caso é similar quanto ao hidrogênio e o fósforo. Metade dos átomos de carbono será substituída dentro de um mês ou dois. E assim prossegue a história para quase todos os elementos. Em um ano, aproximadamente 98% dos átomos, agora existentes em nós, serão substituídos por outros átomos, que assimilamos do ar, do alimento e da bebida".

Diante da maravilha do corpo humano, os cientistas chegaram à conclusão de que é mais fácil provar porque o ser humano deve viver para sempre do que provar porque deve morrer.

Como diz a velha piada: "Aquele homem era tão velho, tão velho, que não morreu, virou pó".

A enfermidade é uma anomalia da vida.

Tendo em vista um sem número de doenças que acometem os indivíduos, chegou-se à crença de que a vida é frágil e imprevisível.

Diz-se por aí que, quando menos se espera, lá se vai o sujeito para a famosa cidade dos pés juntos, sem saber porquê, como se apenas esquecera de respirar.

Norman Cousins, que foi editor da revista Saturday Review, e autor do livro "Cura-te Pela Cabeça", não comunga dessa ideia, ao escrever que "o corpo humano é muito mais forte do que as pessoas têm sido levadas a acreditar".

Cousins, que sofria de uma doença considerada incurável, conseguiu recuperar a saúde através da autoterapia da fé e do bom humor. Entusiasmado com a façanha e fustigado pela incredulidade de alguns médicos, juntou-se à comunidade médica da Universidade da Califórnia, de Los Angeles, para pesquisas sobre o corpo humano.

Escreveu ele:

"Estamos acumulando conhecimento rápido sobre a relação entre o estilo de vida e a doença grave".

O corpo humano forma um universo tão fantástico que não resisto a colocar aqui um depoimento do pesquisador, escritor e médico Deepak Chopra:

"Cada vez que você respira, expõe ao ar cinco trilhões de corpúsculos vermelhos de sangue. Cada corpúsculo contém 280 milhões de moléculas de hemoglobina. Cada molécula pode atrair e transportar oito átomos de oxigênio. Se considerar cada átomo de oxigênio como um bloco de construção, em uma única inspiração você está somando 11 sextilhões de novos "tijolos" que serão depositados em várias partes do corpo. Todos sabem situar-se com precisão absoluta em seu interior e nenhum tijolo novo fere o mais antigo. Os velhos cedem lugar aos novos tão suavemente como correm as águas de um rio". (Saúde Perfeita).

Se quisermos, por fim, entrar no campo espiritualista, podemos folhear a bíblia até a página da criação do mundo. Consta lá que Deus fez o ser humano à sua imagem e semelhança. Não bastasse essa alegoria estupenda, que coloca o homem à altura da divindade, diz ainda a bíblia que Deus contemplou sua criatura e concluiu que estava perfeita.

Mesmo que você esteja enfermo, você é essa maravilha das maravilhas, obra-prima do Criador, imagem e semelhança divina.

Quando você aceitar essa verdade, estará bem próximo da cura.

O CORPO É MAIS DO QUE MATÉRIA

Por mais que você organize químicos, proteínas, sais minerais, tecidos, ossos, aminoácidos, moléculas, átomos e demais compostos materiais, não conseguirá fazer funcionar um corpo humano.

No momento em que restar apenas a matéria do corpo, produz-se a desintegração.

O que vivifica a matéria chama-se mente, alma, espírito.

O corpo, portanto, é mais do que matéria: é matéria vivificada.

Existe a mente programada e a mente criativa.

A mente programada age sobre o organismo de acordo com o fim para o qual foi criado. É ação involuntária, instintiva, substancial, essencial, sobre o corpo.

A mente programada sintoniza a matéria com a vida que lhe é inerente. Faz a perfeita e eficiente sincronização vital entre cérebro, sistema imunológico, órgãos, glândulas, ossos, nervos, músculos, pele, tecidos, moléculas, sangue, átomos e tudo o mais que faz o corpo.

Houve uma Sabedoria Infinita que projetou e fez funcionar essa maravilha das maravilhas.

Pela mente programada, o coração cumpre a sua função, o fígado faz a sua parte, o cérebro atua de conformidade com sua ordem natural, assim por diante.

COMO ATUA NO CORPO A MENTE CRIATIVA

A mente criativa domina todo o corpo. Age voluntariamente sobre o organismo.

A mente criativa responde ao comando da pessoa e tem poder inclusive sobre a mente programada. Esta pode ser reabilitada, como também pode ser inibida ou transtornada pela mente criativa.

Você, portanto, tem capacidade de melhorar ou piorar a vitalidade do corpo.

A mente expressa a vida, que expressa o corpo. A saúde não tem nada a ver com sorte. Significa a perfeita harmonia entre a mente programada, o corpo e a mente positiva criativa.

A doença é efeito da mente criativa negativa, que perturba a mente programada, e esta deteriora o corpo, transtornando inicialmente a parte mais afetada.

A tentativa de cura do corpo pelo corpo não leva em consideração a ação da mente criativa. Creio que aqui se explica porque o mesmo tratamento, ministrado a diversas pessoas com a mesma enfermidade, produz resultados benéficos em algumas e noutras não.

O cirurgião extirpa o órgão danificado, limpa a área, cria condições para o funcionamento orgânico, mas não consegue modificar os padrões negativos da mente programada porque não atuou sobre a mente criativa.

Em qualquer circunstância, use a mente criativa para realizar a saúde total. Desfaça as atitudes mentais negativas que possam ter sido a causa da enfermidade.

Os médicos, normalmente, se atêm ao que os olhos, ouvidos e mãos percebem, ao que acusam os aparelhos e ao que indica a tecnologia do ramo. Pertence a você complementar a ação curadora, libertando-se dos pensamentos, emoções e sentimentos negativos e fazendo a mentalização, a visualização ou a oração da cura.

Aí está o papel importante da mente criativa.

Se você deixa tudo apenas por conta da Medicina somática, pode ser que tenha que fazer como aquele sujeito epiléptico que resolveu gravar na barriga este aviso: "Não me tirem o apêndice. Já foi tirado três vezes". Ou talvez ocorra como aquele laudo médico: "A cirurgia foi perfeita, mas o paciente morreu".

Há algo que transcende o corpo, como você já viu.

A cura que se fundamenta apenas no corpo, chega ao efeito mas não à causa primeira.

Essa notícia é muito boa, porque, mesmo que você veja seu corpo sem nenhuma condição aparente de cura, pela mente você entende que tudo pode ter solução.

O médico faz a parte dele, você deve fazer a sua. Antigamente não se buscava relação entre Medicina e vida ou Medicina e morte.

Na prática, tudo funcionava - e mais ou menos ainda funciona - por este raciocínio: a Medicina faz o que tem que fazer. Se o paciente morre é porque tinha que morrer. Isto é da alçada do Departamento Celestial.

Não deixe, portanto, de fazer a sua parte, que é tão essencial quanto a do médico, se não mais.

Este livro visa ajudá-lo neste ponto, que é tão importante quanto desconhecido pela humanidade.

Capítulo 2

A CAUSA DA DOENÇA

Há um velho ditado que diz: "Cada cabeça uma sentença".

Cada pessoa tem uma explicação causal para sua enfermidade, a começar por aqueles que pensam que a doença cai do céu, ou que é um castigo, ou que é provação divina, ou que é a via da purificação, ou que é vontade de Deus, ou que é investimento para a bem-aventurança celestial.

Outros entendem que doença é azar, má-sorte, destino.

Também são incontáveis os que aceitam que o mal é provocado por mau-olhado, macumbas, "trabalhos" feitos contra alguém.

A maioria das pessoas pensa que a doença é resultado natural da vida, situação imprevisível, que ataca de improviso, e o que resta a fazer é partir para o contra-ataque. Os mais esclarecidos concluem que, se o problema está no corpo, a causa é o corpo, e se dedicam a resolver a situação combalida através de remédios, químicos, injeções ou cirurgia. Se o mal está no fígado, vamos ao fígado para fazê-lo retornar à saúde - dizem essas pessoas.

Sobra ainda uma multidão que atribui a enfermidade a causas externas, como poluição, ácaros, alimentos indevidos, drogas, cigarro, álcool, assim por diante.

Alguns especialistas asseguram que a doença é causada por vírus, bactérias, bacilos, germes, que, numa dessas, resolvem atacar qualquer parte do corpo e lá se vai a saúde.

O QUE DIZ A MEDICINA TRADICIONAL

Inicialmente, a Medicina ensinava que, se a doença se situa no corpo, logicamente a causa é o corpo. Causa somática. Medicina somática.

Posteriormente, a Medicina descobriu que existem também causas psicossomáticas, pela constatação de que a mente interfere no corpo, assim como este interfere na mente.

Foram surgindo interpretações dualísticas e reducionísticas, baseadas na filosofia de Descartes, filósofo do século dezoito.

O dualismo admite que mente e corpo são duas entidades separadas e distintas, de tal modo que, se a doença está no corpo, a cura se atém ao corpo e se o problema é mental, a solução será mental.

Reducionista é a visão medicinal, muito em voga hoje em dia, que vê o ser humano como uma soma de sistemas que vão se reduzindo a órgãos, que vão se reduzindo a partes cada vez mais simples e menores. São as especialidades que se multiplicam. Problema de rins, vá com o urologista; cardiopatia? busque o cardiologista, assim por diante.

CAUSA DA DOENÇA

É de se notar, no entanto, que, já na antiguidade, alguns filósofos reconheciam que o corpo é o espelho da alma.

Li, certa vez, do sábio Hipócrates, tido como o pai da Medicina, que "é mais fácil saber que tipo de pessoa tem uma doença do que saber que tipo de doença uma pessoa tem".

Atualmente, já é muito comum médicos e cientistas da Medicina admitirem a correlação entre mente e corpo.

O psiquiatra e gastroenterologista Helladio Francisco Capisano, que foi diretor do Instituto de Psicossomática de São Paulo, disse que "a pessoa inscreve no corpo seus conflitos psíquicos".

Um passo à frente, dado por setores avançados da Medicina, já sugere que o médico deve ser médico total, já que o paciente é paciente total. O indivíduo não é apenas seu estômago doente, mas a pessoa integral.

Com o avanço da tecnologia, aparelhos altamente sofisticados conseguem detectar problemas em partes cada vez mais minuciosas do organismo, fortalecendo a tendência reducionista de encarar apenas a minúscula parcela do todo. Há equipamentos que fazem diagnóstico físico e fisiológico de qualquer região orgânica afetada. Com isso, gera-se a vontade científica de saber tudo sobre o pouco, desprezando-se a necessidade de saber muito sobre o todo.

Penso que, nesse momento empolgante de início do terceiro milênio, a Medicina se defronta com duas vertentes científicas: a primeira visa a suprema especialidade sobre diminutas dimensões do corpo, por exemplo, conhecimento total e específico sobre a íris do olho. A segunda vertente da Medicina reconhece, graças à evolução, que há fatores gerais e psicológicos que influem tanto na parte afetada quanto no todo do ser humano. A esta visão da Medicina chamam de holística, homeostática, global.

As pesquisas continuam cada vez mais revolucionárias, prometendo grandes avanços para a compreensão mais profunda das causas das enfermidades e dos processos de cura.

O QUE DIZ A MEDICINA AVANÇADA

Segundo descobertas recentes, a Medicina chegou à conclusão de que há perfeita interação entre a mente, o cérebro e o sistema imunológico. A mente atua positiva ou negativamente sobre o cérebro e este sobre o sistema imunológico.

O ponto de partida é a mente, que age, no caso da doença, de forma prejudicial, através de pensamentos e sentimentos negativos, como o ódio, a desesperança, a tristeza, a solidão, a raiva, as preocupações, o desânimo, a depressão, os medos, os complexos, os traumas, os ressentimentos, a hostilidade. Estas atitudes mentais repercutem no cérebro, que responde liberando hormônios, no caso, nocivos, como a adrenalina, o cortisol, a norepinefrina.

Outra descoberta da Medicina científica trata da interconexão entre o cérebro e o sistema imunológico, através da timosina e outros elementos existentes no sangue. Não somente o cérebro se comunica com o sistema imunológico como este também se comunica com o cérebro. O trânsito intercomunicativo é de dupla via.

Como a mente é a causa primeira dessas reações e ações, fica evidente que a doença origina-se na mente. A reação cerebral libera hormônios que sabidamente bloqueiam as defesas do organismo. A conclusão é de que atitudes mentais negativas enfraquecem o sistema imunológico. Com isto, sobram condições propícias para a ação nefasta de agentes agressores, como os vírus, bacilos, bactérias, micróbios e germes perigosos. Estes, que eram controlados pelos glóbulos brancos sob o comando dos Linfócitos T, agora encontram a área livre para agirem, gerando infecções, inflamações, disfunções, enfermidades.

O Dr. Bernie Siegel escreveu que "estudos recentes confirmam que cônjuges enlutados ficam com o sistema imunológico deprimido por mais de um ano. Outras pesquisas demonstram que todas as tensões, não dominadas dentro de um dia, diminuem a eficiência das células que combatem a doença". (Amor, Medicina e Milagre).

O Dr. Walter Alvarez, da Clínica Mayo, assinalou: "A ideia é que a mente pode influenciar o estado do corpo a ponto de provocar doenças".

Constataram os pesquisadores do National Cancer Institute, dos EUA, que o estresse, as emoções e os choques no plano afetivo, subvertem nosso equilíbrio bioquímico e a capacidade dos tecidos de se defenderem dessas ameaças varia de indivíduo para indivíduo.

Clélio Berti afirmou: "O nosso sistema imunológico fica fragilizado nos estados de tensão, angústia, depressão e outros semelhantes. As pesquisas médicas, principalmente as mencionadas no livro De Prazer Também se Vive, mostram experiências contundentes da baixa do sistema imunológico com situações mentais desagradáveis". (Prazer, Um Caminho Para o Autoconhecimento).

O psiquiatra Arnold Hustchnecker registrou em seu livro A Vontade de Viver: "Dizemos que nós é que escolhemos o momento para adoecer. Uma irlandesa, de quarenta anos, muito animada, veio consultar-me com uma grande variedade de queixas. Muito enfaticamente, disse-me que, até os vinte e dois anos, fora sempre saudável e forte. Fez um casamento feliz, amava o marido e os dois filhos que tinha. Após os vinte e dois anos, foi perseguida por uma série de misérias físicas: infecções das amígdalas, inflamação na vesícula biliar, dores, náuseas, infecção viral, infecção nos olhos e no braço. Foram-lhe extirpadas as amígdalas e ambos os filhos nasceram por cesariana.

Se fora sempre uma moça saudável e robusta, por que é que passou a sofrer tantas doenças?

Perguntei-lhe o que é que lhe sucedeu aos vinte e dois anos. Disse-me que fora nessa altura que abandonou a Irlanda, deixando para trás a sua aldeia e a sua juventude. A saudade dos lugares e das pessoas de sua meninice, e talvez algum protesto inconsciente contra a adaptação à sua nova vida, não apenas num país estrangeiro, mas também com as responsabilidades de uma mulher adulta - tudo isto se apresentava como pano de fundo das suas muitas doenças. Na realidade, a doença era a saudade da terra".

CONSIDERAÇÕES PSIQUIÁTRICAS

São dignas de análise estas considerações do psiquiatra Arnold Hutschnecker:

"A Psiquiatria era a órfã escarnecida da Medicina, porque as doenças mentais, o seu domínio, recusavam-se teimosamente a dar provas físicas da sua presença. Os psiquiatras tentavam encontrar a causa da doença mental no tecido cerebral, mas todas as suas brilhantes investigações anatômicas iam dar em nada, exceto, por exemplo, na paralisia geral resultante da sífilis e na demência senil, deterioração do cérebro na velhice. Nestes casos, pelo menos, descobriram-se algumas lesões. Mas, na maioria dos psicóticos graves, o que se descobria é que tinham cérebros anatomicamente iguais ao de qualquer homem normal". (A Vontade de Viver).

Em certo trecho do seu livro, este médico faz uma colocação de muita relevância:

"A investigação dos médicos sobre as relações existentes entre a mente e o corpo, a minha própria experiência, e as observações que realizei ao longo dos anos, levaram-me a esta conclusão significativa: na trama da constituição individual, somos nós próprios que escolhemos o momento da doença, a sua evolução, e a sua gravidade. É claro que não fazemos esta escolha conscientemente. Não caímos doentes por via do raciocínio. As decisões são tomadas no tribunal inconsciente, que funciona dentro de nós, estejamos acordados ou a dormir. Chega-se a tais decisões através duma argumentação sem palavras, complexa e turbulenta, que é a linguagem das emoções. Devemos também recordar que estas decisões não são irrevogáveis. Podemos mudar de ideia, e assim o fazemos. Podemos inverter o nosso caminho e o invertemos, e retroceder da doença para a saúde. Naturalmente, eu creio que, embora a escolha entre a doença e a saúde se faça por via emocional, esta se realiza através dos mecanismos físicos do corpo". (Idem).

A CAUSA DA DOENÇA SEGUNDO A CIÊNCIA DO PODER DA MENTE

Explica a ciência do Poder da Mente que as doenças são somatizações de causas mentais negativas.

A mente age e o corpo reage de acordo.

Mente triste, abatida, deprimida, medrosa, traumatizada, complexada, magoada, irada, desesperançada, rancorosa, desanimada, angustiada, decepcionada, ansiosa, revoltada, solitária, desolada, injusta, ferina, agressiva - atua negativamente sobre o corpo, enfraquecendo-o e o condicionando à enfermidade.

A doença nasce na mente e se expressa no corpo.

A convicção de que a enfermidade do corpo é efeito de causa mental negativa, parte dos seguintes princípios:

1) Mente e corpo são uma unidade.

2) A mente criou o corpo, informa-o e controla-o: mente doentia, corpo doentio.

3) A mente vivifica todas as células, órgãos, glândulas, tecidos e átomos do corpo. Sem a presença mental, qualquer parte do organismo, ou o seu todo, definha e morre.

4) Também o cérebro e o sistema de defesa do organismo reagem ao comando da mente, conforme a própria Medicina tem constatado.

São muitos os depoimentos de pensadores que clarificam essas verdades.

Joseph Murphy, autor de 36 livros sobre o Poder

da Mente, considerado por muitos o maior mestre e divulgador dessa mensagem, escreveu:

"Compreenda que você está violando as leis de Deus, que estão escritas no seu coração e sua natureza, quando está triste, doente, com ódio ou pobre. Os venenos mentais são os pensamentos errados que trabalham clandestinamente no consciente, como um regato contaminado, para fluir, depois de anos de experiências erradas, como doença, perda, infelicidade, etc."

Para Murphy, a doença tem sua origem na mente negativa.

Marilyn Ferguson faz esta consideração:

"Quanto mais aprendemos com a pesquisa sobre o cérebro, mais compreensível se torna a ligação entre mente e doença. O cérebro comanda ou influencia indiretamente todas as funções do corpo: pressão sanguínea, batimentos cardíacos, reação imunológica, hormônios, tudo. Seus mecanismos são ligados por uma rede de alarme e ele dispõe de uma espécie de gênio sinistro, organizador de distúrbios apropriados a nossos mais neuróticos pensamentos". (Conspiração Aquariana).

James Allen tem esta colocação:

"O ódio, ira, ciúme, inveja, volúpia, cobiça, tudo isso são fogos que queimam, e todos os que entram em contato com ele hão de sofrer os tormentos da queimadura. A todas essas condições mentais, dá-se, com razão, o nome de "mal", porque elas são os esforços da mente para subverter, em sua ignorância, a lei, e, por isso, conduzem o caos e a confusão ao interior, aparecendo, mais cedo ou mais tarde, nas circunstâncias externas, como enfermidade, falta e infelicidade, acompanhadas de dor, aflição e desespero". (Da Pobreza ao Poder).

Mary Coddington escreveu que "doenças, como artrite, alergia, derrames, diabetes, cardiopatias, distúrbios glandulares, úlceras, e até mesmo o câncer, já foram associadas aos estados negativos da mente. Os médicos do futuro darão maior ênfase à ascendência da mente sobre o corpo e à sua capacidade de matar ou curar". (A Energia Curativa).

Há um conhecido espiritualista, chamado Prentice Mulford, autor de diversos livros, que escreveu:

"Podemos dizer, sem receio de desmentido, que é o nosso espírito que alimenta a enfermidade e a torna incurável realmente". (Nossas Forças Mentais).

A MENTE CRIA A DOENÇA?

A doença, em si, não existe. É impossível você chegar a uma farmácia e pedir dois quilos de enfarte, duzentos gramas de gastrite, meio quilo de cirrose.

Existe o coração enfermo, o estômago desarmonizado, o fígado deteriorado, assim por diante.

Como a vida do corpo é protagonizada pela mente, já que ela criou o corpo, informa-o e controla todas as suas funções, fica evidente que tanto a saúde quanto a doença são resultados da mente.

Mente desarmonizada, negativa, perturbada, transviada, degenerada - produz corpo doentio.

Como a mente é a vida do corpo, este se degrada quando a mente entra em processo de degradação.

O efeito tem a ver necessariamente com a sua causa. Ora, o corpo é efeito da mente, consequentemente o que nela ocorre, repercute no corpo. Mente doentia - corpo doentio; mente positiva, corpo positivo.

Se o corpo está doente - a causa é mental.

Se a mente está perturbada - o corpo torna-se perturbado.

É a Lei de causa e efeito.

Prentice Mulford, pensador de larga folha literária escreveu:

"O que devemos realmente fazer é nos convencermos de que toda doença tem sua verdadeira sede na mente e que tudo quanto ocasiona ou pode ocasionar dor ou miséria para a mente, também será causa de dor e miséria para o corpo". (Nossas Forças Mentais).

O Dr. Deepak Chopra disse que "tudo o que acontece no universo mental, necessariamente deixa sinais no físico". (A Cura Quântica).

No livro Manual dos Novos Médicos, lá pelas tantas, o autor Ted Andrew ressaltou:

"Um antigo axioma ocultista reza assim: "Toda energia se segue ao pensamento". Onde colocarmos o nosso pensamento, aí a energia começará a manifestar-se. À medida que aprendermos a fazê-lo, descobriremos que não temos de estar à mercê das circunstâncias da nossa vida ou do nosso corpo. Somos capazes de irradiar luz, energia e saúde para a nossa vida e para a vida de tudo aquilo em que tocarmos. E isso é tornar-se um curador".

Eis o depoimento de Mary Coddington:

"A Medicina do futuro será preventiva e holística. Construirá a saúde além de tratar da doença. Considerará o ser humano não como um máquina, com peças que podem ser substituídas, e sim como uma tríade de corpo, mente e espírito". (A Energia Curativa).

Um personagem do escritor Boris Pasternak, salientou:

"A saúde tende a ser afetada se, dia após dia, dizemos o contrário do que sentimos, rastejamos diante daquilo que detestamos e nos rejubilamos ante aquilo que nada nos traz senão infortúnio".

EXEMPLOS

São incontáveis as pessoas que não aceitam a tese de que as doenças são provocadas pela mente. Não conseguem ver relação alguma entre os seus pensamentos e crenças e os problemas do fígado, do coração, do sangue, da pele ...

Quando digo que as enfermidades são provocadas por pensamentos, emoções e sentimentos negativos, crenças e hábitos negativos, sugestões e situações negativas, tomam-se de incredulidade.

Pensam assim: "Que têm a ver os meus pensamentos com a minha doença do estômago?"

Vou responder com um exemplo. Veja o que acontece no seu corpo quando você tem um pensamento de raiva: modifica-se a circulação do sangue no rosto, produzindo-se rubor; aumenta o branco do olho; dilatam-se as pupilas; enrijecem os lábios; produz-se tremor na voz; endurece o queixo; o sangue coagula violentamente, aumentando para quinhentas mil células sanguíneas por milímetro cúbico de sangue; aumenta a pressão sanguínea; aceleram-se os batimentos cardíacos; contraem-se as artérias coronárias; constringem-se as paredes do abdômen; são mandados químicos desnecessários para os órgãos, atendendo a um alarme falso, que não tem relação com a realidade e, por isso, provoca disfunções; ocorre perturbação no aparelho digestivo; pode produzir dores de cabeça e mais e mais.

Agora, eu pergunto: Quantos pensamentos de raiva você tem por dia? Multiplique pelos anos de sua vida e terá uma pálida ideia da pauleira que está aplicando no seu corpo.

Imaginemos que você tenha quarenta anos de idade. Correspondem a 14.600 dias. Calculando por baixo, você comete dez pensamentos de raiva por dia. Significa que na idade dos 40 anos, já agrediu seu corpo 146 mil vezes. Não admira que alguma parte do organismo mais atingida, ou mais fragilizada, entre em colapso. Sem considerar que a raiva baixa as defesas do sistema imunológico.

Não é sem razão que o Dr. Alexis Carrel, médico, escritor e filósofo, escreveu que a raiva e o ódio tendem a produzir sérias lesões orgânicas.

Uma pesquisa feita sobre o coração, chegou à conclusão de que a raiva e a hostilidade são elementos-chaves na ocorrência de distúrbios cardíacos.

É sabido que as preocupações, que são pensamentos, geram tensões, que provocam hipertensões, que vão desembocar em infarto ou úlceras.

A depressão, que é estado mental, abate o corpo e a pessoa sente-se fraca e sem energia para nada.

O medo, que também é um tipo de pensamento, se expressa fortemente no corpo.

Pessoas que carregam longo período de mágoas são propensas ao câncer.

E AS CRIANÇAS, POR QUE ADOECEM?

Uma das reações mais comuns contra a tese de que a doença é provocada por pensamentos, sentimentos, emoções, crenças, sugestões, situações e hábitos negativos, é a de que a criança não tem pensamentos e, no entanto, adoece. Referem-se aos recém-nascidos.

Muitos, inclusive, atribuem o problema infantil ao carma de vidas passadas.

Pensam assim: Como nesta vida ainda não tiveram oportunidade de praticar o mal, a situação só pode ser consequência de vidas anteriores.

Antes de tudo, vamos distinguir entre doença e defeito. É consagrada a tese de que a doença é causada pela ação negativa da mente.

Qual seria a causa mental da doença infantil ou do

recém-nascido?

Supõe-se que a criança seja incapaz de pensar.

Como poderia ser autora de sua enfermidade?

Tudo que se refere à outra vida, foge totalmente do alcance da ciência, sobrando espaço livre para as crenças.

A ciência encontra muita dificuldade de pesquisar as origens da vida humana. No entanto, alguma coisa já se diz sobre o assunto.

O Dr. Bernie Siegel fez o seguinte comentário:

"Um dos argumentos daqueles que não acreditam na ação dos fatores mentais no câncer é que o período de latência é muito longo para que a mente desempenhe um papel no carcinoma infantil. Hoje, porém, há provas em contrário. Uma pesquisa realizada na Faculdade de Medicina Albert Einstein, no Bronx, concluiu que as crianças cancerosas haviam tido, recentemente, o dobro das crises que ocorriam em crianças de igual situação, porém sem a doença. Outra pesquisa demonstrou que 31 das 33 crianças com leucemia haviam sofrido perda ou mudança traumática no espaço de dois anos antes do diagnóstico. Os psicólogos compreendem, hoje em dia, que as crianças são muito mais perceptivas do que se imagina. E não me surpreenderia se o câncer na primeira infância guardasse um nexo com mensagens de conflito ou de desaprovação dos pais, percebidas ainda no útero". (Amor, Medicina e Milagre).

A psicóloga Renate Jost de Moraes, que trabalha com mais sete psicólogos em sua clínica, de Belo Horizonte, usando o método de regressão consciente de idade, escreveu após estudos sobre oito mil pacientes:

"A criança, desde a gestação, percebe cognitivamente tudo que lhe acontece. Sabe ela das condições afetivas e emocionais do ato que a gerou, da preocupação dos seus pais, do amor que os une ou não, se ela estava ou não no plano deles".(As Chaves do Inconsciente).

Diz ainda Renate:

"A criança em gestação, embora sentindo-se distinta da mãe, pode somatizar e confundir o sofrimento dela com o seu próprio, sentindo suas dores, falta de ar, agitação, nervosismos e cansaço. Sofre ela de ansiedade forte quando seus pais discutem, sabe qual é o assunto do desentendimento, sabe, com juízo excepcional, qual dos dois tem razão, e deseja ardentemente os pais unidos".

Acho interessante destacar essa parte do livro de Jost:

"À semelhança do que acontece com a inteligência, o raciocínio, a lógica, a criatividade, a intuição, a noção de direito e de dever, o senso do bem e do mal, de amor e ódio - essa cognição da criança não é de constituição física e sim espiritual. Embora sirva-se do físico para expressar-se, essa capacidade não está sujeita às mesmas leis, não precisa sofrer um desdobramento e acréscimo de células ou de órgãos como o corpo. Ela pode estar e, sem dúvida, está completa, desde o momento da concepção". (Idem).

Afirma também a Dra Renate que a percepção inconsciente do bebê começa desde o momento da concepção e não é menor do que nas idades posteriores.

Também faz parte das conclusões da psicóloga o fato de que o bebê, no útero, pode provocar hemorragias na mãe, tentar autoabortar-se quando não se sente desejado, bem como criar o maior empenho para desfazer sua vida, provocando, assim, anomalias e deformações. Quanto mais próximo está do início da vida, menos apego tem à vida.

Graças a Deus, ao nascer a criança geralmente passa a ser aceita pelos pais, que se unem, demonstrando afeição e carinho ao bebê. Este reage positivamente a essa nova situação de amor e de envolvimento.

FILHO DE DEUS PERFEITO

Todo ser humano, aconteça o que acontecer, é filho de Deus perfeito. Na sua origem verdadeira, na matriz divina, é sempre perfeito. No caso de nascer com problemas, pode e deve voltar ao seu estado de perfeição. A saúde e a perfeição sempre existiram, se tomarmos em consideração o princípio vital, a matriz, a origem primeira.

Se considerarmos a maratona que fazem quatrocentos milhões de espermatozoides para serem o primeiro a chegar no óvulo, teremos absoluta certeza de que só o mais forte, mais inteligente, mais hábil, mais capaz, conseguirá realizar a mais fantástica aventura da vida. É fora de dúvida que os fracos e deficientes ficam pelo caminho.

Li, certa vez, que, se fôssemos comparar o percurso que realizam os espermatozoides para alcançar o óvulo, equivaleria a uma pessoa atravessar o deserto do Saara, nadar quinze quilômetros contra a correnteza, escalar os Alpes e ainda caminhar até a metade da Sibéria. Tudo isso sem parar, sem descanso e a pé.

Seja qual for a causa do problema infantil, tudo tem solução.

Há exemplos bonitos nesse sentido. O Tarzan, do cinema norte-americano, era retardado mental até os seis anos de idade (TV Globo, Telecurso 1 grau). Vilma Rudolf teve poliomielite e não somente ficou perfeita, como tornou-se a mais perfeita, pois ganhou medalha de ouro nos Jogos Olímpicos de Roma, 1960, em corrida de cem metros. Ray Ewry, quando pequeno, teve paralisia infantil e ficou preso à cama. Aos dez anos, conseguiu andar, com um par de muletas e muito sacrifício. Aos vinte anos, era um dos melhores atletas do Purdue University. Em 1900, com 27 anos de idade, ganhou três medalhas de ouro, em salto, nos Jogos Olímpicos de Paris, e teve sua grande vitória pessoal.

Os exemplos poderiam encher páginas e páginas.

A capacidade humana de refazer a normalidade do organismo é estupenda.

Não há porque desanimar.

No útero materno e nos primeiros tempos de nascida, a criança está em estado subconsciente, que é estado de alta sugestibilidade. Há perfeita interação com a mente da mãe, que pode aproveitar os momentos em que a criança dorme, para transmitir palavras de cura e de perfeição.

Diga, por exemplo, para o filho paralítico adormecido: "Meu filho, eu amo você. Todos amamos você. Você é filho de Deus perfeito, por isso, você pode andar e vai andar. Deus está iluminando suas pernas, fortalecendo os ossos, músculos e nervos. Você é forte, saudável e vai caminhar. De manhã, quando acordar, você vai sentir muita vontade de caminhar (supondo-se que esteja em idade de caminhar) e você vai caminhar. A energia e a força divina estão com você e você já pode caminhar. Deus seja louvado. Agora, durma bem, que durante a noite Deus vai refazer a perfeição das pernas e dos pés".

Todas as noites, faça essa declaração para o filho. Verá as maravilhas que começarão a acontecer.

A mensagem é dirigida ao subconsciente da criança. Como o subconsciente age sobre o corpo, começa o processo de restauração da perfeição, na justa e reta ordem divina.

Lembrem-se os pais de que o amor cura qualquer moléstia e resolve os problemas de saúde.

Pesquisas indicam que bebês acariciados apresentam menos incidência de vômitos, diarreias, resfriados, gripes, do que outros bebês sem essa atitude. Um bom método é acariciar nas costas.

Escreveu Emile Coué, cientista francês (1857-1926), que se dedicou a curar apenas pela mente:

"O subconsciente não preside somente as funções do nosso organismo; preside também o acabamento de todas as nossas ações, quaisquer que sejam elas". (O Domínio de Si Mesmo Pela Autossugestão).

E o pensador e escritor U.S. Andersen registrou que "o subconsciente não apenas aceita uma sugestão como se fosse verdade, como tem a capacidade de tornar tal sugestão uma verdade".

De mais a mais, como dizia Joseph Murphy: "A consciência do amor é a força curadora mais poderosa do mundo". (Como Utilizar Seu Poder de Cura).

A PSICOLOGIA DA ENFERMIDADE

A doença é, em última análise, um pedido de socorro. O corpo avisa que está passando por situação difícil ou grave. Pede providências urgentes.

A doença, portanto, é um gesto amistoso de quem lhe quer bem.

Ted Andrews escreveu:

"Qualquer desequilíbrio, desconforto ou doença física, constitui apenas um sintoma. Há qualquer outra coisa que desencadeou e instigou o sintoma físico. Pode ser um modelo emocional ou mental, o estresse, etc". (Manual dos Novos Médicos).

Acrescenta Ted:

"Muitas vezes ignoramos os nossos padrões negativos e desequilíbrios, até apanharmos com eles na cabeça. Na maioria dos casos, a doença física constitui uma "chamada de atenção", emitida pelo corpo físico. É a forma que o corpo tem de nos dizer que algo está fora do seu equilíbrio".

Não veja a enfermidade como um atentado do corpo contra você, mas o contrário.

Dores, mal-estares, fraquezas, cansaços, são informações do corpo de que alguma coisa não está bem, de que há necessidade de você modificar seu comportamento. A doença é um brado veemente para que você mude as atitudes errôneas. A doença grave é o momento em que o corpo diz: "Último aviso".

Tanto a saúde quanto a enfermidade são maneiras diferentes de o corpo demonstrar amor por você.

Ouça sempre este amigo sincero.

Capítulo 3

SUA REAÇÃO DIANTE DA DOENÇA

Pela doença, a mente está expressando uma realidade no corpo. Isto é sumamente importante e não deve ser desconsiderado.

A mente está avisando que algo não está bem.

Diz o velho ditado que "quem avisa amigo é", portanto encare a doença como um telegrama penoso que lhe é passado.

Se o estado de saúde está mal, a mente vai gritar pela única maneira que sabe: pela dor, pelo sofrimento, pela fraqueza, pela debilidade.

É como se dissesse: "Vamos, tome providências que eu não aguento mais esta situação".

Vista sob este prisma, a enfermidade é um ato de amor do corpo para com você e não o contrário.

Imagine o que aconteceria se a mente não o avisasse cada vez mais duramente de que sua vida está em perigo. Seria como aquela antiga piada: "Quando se acordou, estava morto".

Você, como ser mental, é o responsável pela saúde.

A primeira atitude diante da doença é de tomada de consciência e de agradecimento ao órgão pelo aviso.

Xingar o órgão enfermo é sandice, pois ele é vítima e não causa da enfermidade. A causa é você.

Recriminará você alguém que lhe informou de que o alimento que ingeriu estava envenenado? Por certo, agradecerá.

A segunda atitude necessária é verificar a causa da doença.

Aí situa-se a estratégia inteligente da cura.

A doença apresenta dois pontos problemáticos: a mente causadora da desarmonia e o corpo em processo de sofrimento e disfunção.

Enquanto você busca o socorro da Medicina, dedique-se, de imediato, a encontrar e retirar a causa mental da enfermidade.

Lembre-se que a causa da doença é um passado negativo que se mantém no momento presente.

Dois aspectos a considerar: primeiro, o fato já é passado. Ocorreu. Pode ter acontecido há dez anos ou ontem. Mas é passado. Segundo, você o mantém na mente consciente ou subconsciente, recriando-o continuamente.

Se você, por exemplo, sofreu uma calúnia há dez anos e sua mente continua ligada naquela situação, pela memória viva, pela mágoa ou pelo ódio, existem todas as condições para que se estabeleça e se mantenha a enfermidade.

Não se fixe no passado. Já passou.

Assim como você não tem mais medo do furacão que se abateu no ano passado, ou da tempestade que desabou na outra semana, não queira ter medo do que aconteceu na sua vida e deixou de existir. Pelo menos, seja sensato. Aceite essa verdade. Você está a milhões de segundos do fato ocorrido. Desligue-se dele.

O segundo passo é restabelecer a ordem e a harmonia, através da mente criadora, que agirá positivamente sobre o órgão.

A palavra, sob qualquer forma, é a ação mental que vai atuar sobre o corpo.

Faça a declaração interior pela qual renega o passado e manda embora as causas da desarmonia. Determine que o corpo agora deverá agir na justa e reta ordem divina, voltando a funcionar corretamente. Afirme a saúde, visualize o órgão perfeito, declare amor incondicional a ele, irradie energias curadoras e veja-o perfeito e saudável. Lembre-se que você é o autor da sua cura. Curadores podem remover os sintomas, remédios podem facilitar a recomposição do corpo, mas, ao fim e ao cabo, como escreveu Marilyn Ferguson, “só o indivíduo pode efetuar a cura, a partir do seu próprio interior”.

Capítulo 4

O CAMINHO DA CURA

Toda caminhada da cura acaba sendo processo de autocura.

A própria pessoa é autora da sua realidade, tanto no que se refere à doença quanto à cura.

O primeiro passo da saúde é o desejo da cura.

É essencial que o enfermo se disponha à cura.

PRIMEIRO PASSO: DESEJAR A CURA

A necessidade e o desejo da cura são estados mentais básicos para que se inicie o processo curador.

Como poderia funcionar a cura se não houver sobre o que funcionar?

Mesmo que não acredite na restauração da saúde, é imprescindível que a queira.

Quando a pessoa sente imensa vontade de recuperar a saúde, deu o passo inicial básico para que as energias da natureza encontrem condições de agir.

Se alguém não quer a saúde, ou não acredita na cura, inibe a ação regeneradora.

Imagine uma roseira que esteja definhando. O jardineiro corta fora o galho sem vida, mexe a terra, aduba, coloca químicos e dá água à planta. Mas, ele não será capaz de produzir a rosa da roseira. É a própria roseira que produz a flor, assim como suas novas folhas e ramos.

O ser humano, no entanto, além de ser vida, é autoconsciente de sua vida e autor de si mesmo, por isso reúne as melhores condições de promover a própria saúde.

Mais do que a roseira, ele tem, em si mesmo, o dom de evoluir e otimizar sua vida, ainda que as condições sejam muito precárias.

Pela consciência de si, a criatura humana tem capacidade de saber a causa da enfermidade e o caminho da cura; e tem poder de autodeterminação para buscar a solução.

O bonito de tudo isso é que toda pessoa pode desencadear a ação autorregeneradora.

Se o paciente, porém, se fechar definitivamente no invólucro da enfermidade, não há como ocorrer a ação terapêutica e restauradora.

A vontade de produzir a harmonização do corpo é o impulso inicial importante.

Queira a cura. É o primeiro passo.

QUANDO NÃO ACONTECE O PRIMEIRO PASSO

Há diversas situações em que o doente bloqueia o primeiro passo da cura. Por exemplo:

Quando acha que a doença é incurável.

Quando desistiu da cura devido a longos anos de tratamentos infrutíferos.

Quando foi desenganado pelos médicos.

Quando ele próprio não acredita na cura.

Quando desanimou de viver.

Quando acha que a cirurgia não resolve.

Quando entende que os remédios não têm eficácia terapêutica.

Quando crê que merece a doença.

Quando aceita a enfermidade, até as últimas consequências, como mandada por Deus para santificá-lo.

Quando a doença significa necessidade íntima de autopunição.

Quando a enfermidade é cultivada para chamar a atenção ou para conquistar o carinho e o amor de alguém.

Quando a situação é desejada para evitar um trabalho detestado ou que teme realizá-lo.

Quando, subconscientemente, a pessoa deseja atrair compaixão.

Quando o indivíduo alimenta um secreto desejo de continuar doente.

Lembre-se que a saúde é o melhor caminho para quem deseja usufruir prazerosamente a vida.

Seja qual for a sua situação, queira a saúde. Essa é a vontade de Deus, porque a doença é um mal e, em Deus, não existe o mal.

Seu corpo é seu escravo: se você o quer doente, ele obedecerá; se determinar a cura, também obedecerá.

Toda reação sucede à palavra. Lance o grito forte e poderoso da saúde. O corpo reagirá de acordo, submissamente.

SEGUNDO PASSO: ACREDITE NA CURA

De pouco vale você desejar a cura se não acreditar nela.

- Claro que desejo a cura - reclamará você que está desenganado - mas eu sei que é impossível. Os exames de laboratório indicam que não há mais solução. Também já ouvi o médico dizer aos familiares que meu caso é incurável. Não adianta eu querer me iludir. Não tem mais jeito.

Na verdade, não existe doença incurável. Existem pessoas incuráveis. São os que não admitem a cura.

Exemplos de curas, que contradisseram os médicos e a Medicina, os há por toda parte e todos os dias.

A força regeneradora do organismo, acionada pelo poder criador e curador da mente, é algo que transcende nossa vã filosofia, como diria Shakespeare.

Não há batalha e nem guerra perdidas; há apenas contratempos contornáveis.

Vencem os que não aceitam impossíveis.

Jesus afirmou que não existe o impossível. É mera

palavra criada pela ignorância.

O Mestre foi claro: "Tudo é possível àquele que crê."

Impossível - na minha definição - é a distância imaginária entre a realidade mental e a realidade física. Quanto maior a distância, tanto maior é o tamanho do impossível. Quanto menor a distância, tanto menor o tamanho do impossível. Há, portanto, sempre um tamanho relativo que pode ser superado.

Albert Einstein, o cientista, dizia que o impossível existe até que alguém duvide e acabe provando o contrário.

Muitas doenças, como lepra, tifo, tuberculose, que eram consideradas incuráveis alguns anos atrás, hoje são perfeitamente curáveis.

O tempo e a ciência são os maiores devoradores de impossíveis.

Toda pessoa que disser que sua cura é impossível, está mentindo ou passando atestado de ignorância.

O máximo que um médico pode dizer é o seguinte:

- Pelos meus conhecimentos, não vejo possibilidade de cura. Mas, meus conhecimentos são limitados. Pode existir, com algum cientista, em algum lugar, a solução. Ademais, para Deus nada é impossível.

E você tem Deus dentro de si. Você é comunhão com Deus, que se manifesta em resposta à sua palavra, ao seu desejo determinado pela fé.

Certa vez, um médico deu trinta dias de vida para uma moça, dizendo que podia até comprar o caixão.

A moça curou-se e ligou para o médico perguntando o que devia fazer com o caixão.

Lembre-se que você é maior que sua doença. Esta veio do nada e deve retornar ao nada.

TERCEIRO PASSO: A SAÚDE ESTÁ DENTRO

A vida é em você. E continua sendo.

A vida faz a existência do ser. Ela expressa a ação vital, criadora, curadora, autogeradora e autorregeneradora.

Há um ditado, muito sábio, que diz:

"Enquanto há vida, há esperança."

Mesmo que alguma parte do organismo tenha-se deteriorado, a matriz daquela parte continua existindo. Não se pode negar a capacidade recriadora do ser humano. Aliás, se esta verdade é evidente até em animais que, por exemplo, perdendo o rabo recriam outro, quanto mais no ser humano, detentor de vida superior, autoconsciente, mental, espiritual e divina.

O remédio eficaz é aquele que faz a vida reagir naquela parte do corpo.

Num corpo sem vida, (cadáver), nenhum efeito farão remédios, injeções e químicos.

A cura se processa quando algo sensibiliza a vida que, por alguma razão, jazia inibida naquela área do corpo.

A reativação ocorre pela mente-espírito. Daí a necessidade de desfazer as causas mentais da enfermidade e abrir a mente para a cura. Neste caso, tratamentos, remédios, injeções, cirurgias, serão importantes coadjuvantes da cura.

Se fosse o remédio que, por si mesmo, procedesse a cura, bastaria classificar as doenças com os respectivos remédios, e pronto. É fora de dúvida que, como evidenciam experiências feitas, se você toma dez pessoas sofrendo teoricamente da mesma doença, com a mesma gravidade, no mesmo período de tempo e submetendo-se ao mesmo tratamento, com os mesmos remédios - os resultados serão diferentes. Há algo além de tecidos, nervos, músculos, órgãos, glândulas, sangue, glóbulos, pele, ossos.

Você, em última análise, é a peça mais importante para a cura.

Graças a Deus, porque você é dono de si mesmo.

Crie as melhores condições interiores para a saúde.

Você pode, se pensa que pode.

O psiquiatra Arnold Utschenecker escreveu, em seu livro A Vontade de Viver: “Morremos quando estamos prontos para morrer. Morremos quando queremos morrer, mesmo que conscientemente nos convençamos e queiramos convencer os outros de que queremos viver. Vivemos porque queremos viver. Neste caso, mesmo que estejamos gravemente enfermos, se existir uma faísca de vida, viveremos. Vivemos porque queremos viver”.

Louise Hay escreveu: “Toda doença pode reverter apenas com a mudança dos esquemas mentais. Para cada efeito que se produz em nossa vida, há um esquema mental que o precede e o mantém".

QUARTO PASSO: O EXTERIOR REFORÇA O INTERIOR

Jesus, o maior curador deste planeta, usava o método da cura pela fé.

Mas, no processo da cura pela fé, o Mestre fez uso também de ritual exterior, a fim de fortalecer a crença na cura. Usou a palavra falada, a oração, efetuou o ritual da saliva para curar o cego, as águas da fonte de Siloé para curar os enfermos que nela se lavassem.

O profeta Eliseu mandou o general sírio leproso banhar-se nas águas do rio Jordão para ficar limpo.

Todo ritual que fortalece a crença na cura é importante e, para a maioria das pessoas, é essencial. O remédio é, hoje em dia, um ritual indispensável, porque é considerado o caminho da cura. Qualquer médico, ao término da consulta, receita remédios como condição de cura. Tanto que é difícil admitir-se uma cura sem remédios. Se a pessoa não tem dinheiro para a alopatia e a homeopatia, vai colocar sua fé num chá especial ou num ritual exterior.

O ritual não pode ser desprezado, porque é poderoso excitante da fé.

Quando alguém faz peregrinação de cura, ou usa água abençoada da fonte das aparições, ou reza uma oração que já curou alguém, ou invoca um santo milagroso de sua devoção, ou carrega uma relíquia considerada milagrosa, ou é ungido com óleo que acredita possuir força curadora - está utilizando um ritual exterior, que busca acionar a ação curadora interna. Nesta reside a cura.

Uma situação exterior pode convencer a mente consciente. Esta emite a mensagem para a mente subconsciente, que a executa.

Li, certa vez, esta frase, não lembro de que autor:

"O subconsciente possui, à sua disposição, um poder ilimitado, só restringido pelas suposições do consciente".

Permita-se a crença de que os processos exteriores são caminhos eficientes e eficazes para promover a ação interior de cura.

- Faça-se conforme a sua fé - declarava o Mestre.

QUINTO PASSO: AJA COMO SE FOSSE ASSIM

Você deseja a cura, acredita nela, e usa os métodos exteriores para a consolidação da saúde. Só falta agir como se fosse.

A maior e mais fantástica ação curadora se expressa quando você assume a verdade mental da cura e age como pessoa curada e saudável.

Quando a mente e o corpo são determinados por uma verdade, agirão de acordo. A ação emite ao subconsciente a mensagem da realidade. Como o subconsciente não distingue entre imagem e realidade, esta acontece.

Lembro aqui uma passagem do filme O Veredicto, quando o advogado de defesa, na sua última oratória, disse, a certa altura: "Aprendi na minha religião, de pequeno, o seguinte: "Aja como se tivesse fé e a fé lhe será dada".

Você também aja como se saudável fosse, e a saúde se manifestará.

Inicialmente, claro, você agirá apenas mentalmente como pessoa saudável. À medida que o corpo reagir, aproveite a onda e exercite também fisicamente essa verdade.

A mente gera efeito hipnótico: se você supõe-se preso ao leito, sem condições de levantar, assim será. Se acredita que já pode dar uma caminhadinha e forçar o corpo a tanto, assim será.

Há fatos fantásticos que corroboram essa verdade. Pessoas perdidas nas matas ou em montanhas nevadas, que continuaram andando, mesmo esgotadas e sem rumo, e conseguiram resultados impossíveis ao comum dos mortais.

Existem energias latentes que só explodem quando violentadas.

Se o médico incentivá-lo a medidas arrojadas, não pense duas vezes.

Claro que diz o velho ditado que "natura non facit saltus", (a natureza não faz saltos), mas insistir e forçar o corpo, sem exageros desnecessários, é fator poderoso de cura.

Quando você pensa que, por exemplo, pode caminhar e começa a fazê-lo, o corpo admite essa verdade e participa da ação, desencadeando as energias latentes. A convalescença faz-se mais rápida.

Há um fato narrado por Saint Exupery, que jamais esqueci. Conta ele que seu colega Guillaumet, do Correio Aéreo, certa vez tinha que fazer o voo de Santiago do Chile a Buenos Aires. Era inverno. Ao alcançar os Andes, viu-se no meio de terrível tempestade de neve. O avião não conseguiu sobrepujar o mau tempo e ele teve que gastar todo o combustível, voando em torno da Laguna Diamante, até descer e capotar naquela imensidão branca. Aguentou 48 horas junto do avião até serenar a tempestade. Então, começou a caminhar e andou, sem parar, cinco dias e quatro noites até ser resgatado. Andava por vales e montanhas brancas, exausto, faminto, mas pensava: "Minha mulher, se ela crê que eu estou vivo, ela crê que estou andando. Os companheiros creem que estou andando. Serei um covarde se não continuar andando".

Chegou um momento em que o coração quase parou, mas, estimulado por Guillaumet, prosseguiu.

Dizia ele, posteriormente: "O que salva é dar um passo. Mais um passo. É sempre o mesmo passo que se recomeça".

Uma frase que Saint Exupery guardou do seu amigo, foi: "O que eu fiz, palavra que nenhum bicho, só um homem, era capaz de fazer". (Terra dos Homens).

Animado pela energia mental e pela força interior de Guillaumet, o corpo reagiu até acima das dimensões do possível e, depois, no hospital, recuperou a saúde total.

Esta história emocionante é um exemplo da interação mente-corpo em qualquer circunstância.

Rajneesh escreveu: "Se o mal puder ser tratado na mente, no mesmo instante começa a desaparecer do corpo. Todos os males, ao menos em princípio, podem ser transformados, abandonados, se a mente passar por uma mudança".

Theodósia Schobert chama a atenção para o seguinte:

"É difícil demonstrar uma cura enquanto a mente insiste em afirmar a enfermidade. Dois corpos não podem ocupar o mesmo lugar no espaço, ao mesmo tempo. Se você der preferência à doença, ela manterá a sua vantagem. Se você afirma saúde tão resolutamente quanto tem afirmado a enfermidade, você limpará a sua mente de velhas condições e será curado". (Remédios Divinos)

Insiste ainda Theodósia:

"Se você persiste em olhar para as aparências externas daquilo que deseja se livrar, isso permanecerá, porque você se prende a elas. É uma lei que você se torna semelhante àquilo que mantém em sua mente. Por isso, esteja resoluto em conservar em sua mente somente aquilo ao qual você deseja tornar-se igual e aquilo que deseja ver manifesto em sua vida".

Prentice Mulford faz este alerta:

"Se nos sentirmos inclinados a pensar que esta ou aquela doença se há de agravar ainda, ou é incurável, e pensamos com frequência e firmeza nesta crença, a mente nada mais fará do que auxiliar o corpo a confirmar-se cada vez mais na terrível ideia de que caminha, infalivelmente, a passos largos, para a decadência e a morte."

(Nossas Forças Mentais).

MENTALIZE

A saúde é um caso de amor entre você e seu corpo.

Quando este não está bem, entre em contato imediato e converse interiormente com ele. Depois, reserve tempo para uma entrevista particular com o órgão necessitado.

Busque, antes de tudo, uma profunda interação com o corpo, para que as células afetadas ouçam você com respeito e obediência.

Paracelsus, famoso médico e alquimista da Idade Média, escreveu que "a origem suprema de todo medicamento é o amor".

Chegue mentalmente até a parte sofrida e ensine o caminho da saúde, visualizando o órgão perfeito, saudável, curado, regenerado, funcionando na justa e reta ordem divina.

Não é necessário que você conheça anatomia e nem mesmo o método científico de cura. O que importa é que visualize o órgão perfeito, funcionando maravilhosamente bem.

Diga para si mesmo, silenciosamente, estas ou outras palavras de cura:

"Meu corpo querido, tenho pena de você, que está sofrendo. Perdoe-me por causar-lhe esse transtorno, assim como lhe perdoo por me prejudicar.

Eu amo você e desejo sinceramente que seja saudável, forte, revitalizado, vigoroso, elegante e bonito.

Eu quero a saúde, você também a quer, a humanidade e o universo desejam ardentemente a sua saúde, e Deus, que criou todos os seres perfeitos, determinou a sua saúde e espera que seja cumprida. Somos, portanto, uma soma poderosa de energia, capaz de mover céus e terras para que a saúde se expresse plenamente.

Avisamos, desde já, aos vírus, bacilos, micróbios, bactérias nocivas e vermes que se retirem pacificamente, imediatamente, para que a cura se estabeleça em definitivo.

Emitimos ainda uma chamada vigorosa aos Linfócitos T, para que assumam o comando do exército defensor, formado pelos glóbulos brancos, e libertem a área infectada a fim de que a energia divina regenere e processe a cura total.

A palavra é o exercício do ato criador e curador, por isso tenho fé inabalável de que todas as fontes vitais do corpo estão agora conjugadas para restabelecer, com a máxima urgência, a harmonia e a saúde em todas as dimensões.

Esta é minha verdade mental, que significa e expressa a verdade física.

Assim é e assim será".

Repita essa mensagem tantas vezes quantas puder.

Jesus ensinou a lei do "batei e abrir-se-vos-á".

Bata interiormente, que o mal abrir-se-á e a saúde encontrará espaço para realizar-se.

Capítulo 5

O CÉREBRO ABRE O CAMINHO FÍSICO DA CURA

O cérebro é a fantástica central do corpo.

Ele é o comando que age sobre o organismo.

É o centro de comunicação, interpretação, reação e ação.

Poder-se-ia compará-lo com um fabuloso computador, mas é muito mais.

Há poucos anos, dizia-se que, se fosse criar um computador para realizar as operações cerebrais, seria necessário construir um equipamento do tamanho do edifício Empire State, dos EUA, e ainda faltaria espaço. Como, atualmente, constroem-se aparelhos cada vez menores, com capacidade cada vez maior, a imagem já não é muito ilustrativa.

Segundo estudos, o cérebro pesa entre um quilo

e meio e um quilo e oitocentos gramas, contém mais de um trilhão de células, pelo menos dez bilhões de neurônios, e consegue armazenar 125 trilhões e 500 bilhões de informações.

Dizem Glenn e Janet Doman que o cérebro humano é o único recipiente cuja característica é: quanto mais se coloca, mais cabe.

De acordo com esses autores, a função determina a estrutura do cérebro. O cérebro de nossos filhos cresce o quanto lhe permitimos crescer. Nossos filhos são tão inteligentes quanto lhes permitimos ser. (Como Multiplicar a Inteligência do Seu Bebê).

A mente age sobre o cérebro, que reage sobre o corpo.

A mente transcende o cérebro, mas funciona no organismo através deste incrível órgão.

No ser humano, a sede da mente é o cérebro e a sede do cérebro é a mente. Enquanto os dois conviverem e trabalharem juntos, a vida se faz presente.

Se não existir a mente, o cérebro apaga; se não existir cérebro, a mente não tem sobre o que funcionar.

Existem ciências que estudam a ação do cérebro sobre o indivíduo e sua vida; e há ciências que estudam a ação da mente sobre o cérebro e a vida.

A Neurolinguística, por exemplo, vai ao cérebro para explicar e programar a vida.

A ciência do Poder da Mente parte desta para explicar a ação do corpo e da vida. Na prática, o que importa é o resultado.

Os pensamentos, sentimentos, emoções, crenças, sugestões, hábitos, são criações da mente que agem sobre o cérebro, que age sobre o corpo.

A mente age, o cérebro reage e o corpo obedece.

Embora cada setor do cérebro tenha a sua central de atendimento, mesmo que essa central seja inutilizada, a mente passa a realizar as mesmas operações através de outras áreas cerebrais. Foram feitas experiências com ratos e, cada vez que era extraída a parte cerebral que devia reagir naquela circunstância, o animal continuava chegando ao mesmo objetivo. Aí está a capacidade maravilhosa desse órgão, capaz de receber comandos mentais, mesmo com a falência de parte de sua rede.

O cérebro tem condições de se desenvolver e criar novos dentrites até mesmo em idade avançada. Dentrites são terminações nervosas dos neurônios, semelhantes a galhos de árvores, cuja função é captar estímulos enviados aos neurônios e gerar conexões entre eles.

O pensamento pode criar estímulos cerebrais, mesmo quando não existir mais o espaço cerebral correspondente.

De acordo com as solicitações, o cérebro pode produzir e liberar cerca de 36 substâncias, como endorfinas, encefalinas, oxitocinas, melaninas, dopaminas, dietilaminas, catecolaminas, serotoninas, adrenalinas, noradrenalinas, cortisol, isto para citar apenas algumas. Para cada situação, o cérebro tem o hormônio adequado. Portanto, este órgão estupendo é indispensável fábrica de remédios, capazes de atenderem às demandas do organismo. E, o que é importante, são remédios gratuitos.

O cérebro manda e também faz. Diz o ditado que quem manda melhor faz. Pode ser aplicado ao cérebro. Além de ser um centro de informações e instruções, estas, como escreveu Norman Cousins, viajam através de caminhos eletroquímicos bastante congestionados e são ampliadas pela liberação de substâncias ativadoras específicas.

Escreveu Cousins que "um dos aspectos mais interessantes, dentre as múltiplas atividades do cérebro, é sua capacidade de ativar os sistemas de sustentação do corpo. Por exemplo, se uma parte do sistema respiratório não funciona bem, outras partes são dirigidas pelo cérebro para suprir a atividade falha. A deficiência de um pulmão resulta no duplo funcionamento do outro. O mesmo ocorre com os rins. Há provas evidentes de que o coração pode fazer seu próprio desvio de passagem sanguínea quando ocorre um bloqueio nas artérias". (Cura-te Pela Cabeça).

É UM COMANDO ADMIRÁVEL

O cérebro comanda o corpo, comunica-se com o sistema imunológico, reage aos estímulos dos sentidos, aproveita todas as informações que recebe da mente.

Diz o Dr. Omar Souki que o cérebro precisa de mensagens claras e exatas para executar aquilo que o usuário deseja. Por exemplo, se você diz que vai terminar de ler este livro "algum dia", acaba não terminando nunca, pois, "algum dia" não existe no calendário. Mas, se você estabelece uma data para finalizar a leitura, então você vai até o fim. Outro exemplo: algumas pessoas têm o hábito de dizer "ninguém me entende". É um costume destrutivo, porque o cérebro da pessoa que diz isso capta exatamente o que foi dito". (Acorde! Viva O Seu Sonho).

O cérebro tem dois hemisférios: direito e esquerdo. As operações mentais racionais, analíticas, movimentam o lado esquerdo do cérebro. Todas as atitudes mentais negativas, como medos, raiva, desespero, pavor, agitação, também movimentam o lado esquerdo do cérebro.

Meditação, relax, nível alfa, oração, criação artística, mística, atuam sobre a área do hemisfério direito.

Se você está irritado, por exemplo, para libertar-se desta atitude hostil e prejudicial, passe a agir no hemisfério direito cerebral e desaparecerá o problema.

É bom saber que todo tipo de pensamento altera a química do cérebro, benéfica ou maleficamente, liberando hormônios que produzem bem-estar ou prejuízos.

Estados mentais de tristeza, solidão, medos, angústia, estresse, depressão, hostilidade, orgulho, despotismo, violência, timidez, estimulam o cérebro a liberar hormônios maléficos, que prejudicam o funcionamento orgânico e complicam o sistema imunológico.

Pensamentos, sentimentos e emoções positivas de alegria, amor, fé, esperança, prazer, felicidade, coragem, expectativa, autoconfiança, sucesso, bom humor, fazem o cérebro liberar hormônios benfazejos, que produzem bem-estar, ao mesmo tempo em que se fortalece o sistema imunológico.

O biólogo Lyall Watson escreveu:

"Se o cérebro fosse tão simples que pudéssemos compreendê-lo, nós seríamos tão simples que não o conseguiríamos".

Os dois lados do cérebro podem trabalhar interagindo, como podem operar de maneira independente.

Marilyn Ferguson faz uma série de distinções entre as duas áreas cerebrais:

"O cérebro esquerdo lida com o passado, comparando experiências do momento com experiências anteriores, procurando classificá-las; o hemisfério direito responde à novidade, ao desconhecido. O esquerdo tira fotografias, o direito assiste a filmes. O lado direito conecta os pontos, compõe a forma, completa o gestalt, o holístico.

O hemisfério direito, também, está fortemente ligado ao velho cérebro límbico, o chamado cérebro emocional. Está envolvido nos processamentos da memória e nos fenômenos dos estados alterados de consciência.

Outro detalhe importante: o lado direito, é chamado de "cérebro-coração". "Quando se diz a velha frase de que "o coração tem razões que a própria razão desconhece", entende-se que o lado direito do cérebro age, emocionalmente, da maneira que o hemisfério esquerdo, o racional, não agiria.

O lado direito contempla a floresta, o esquerdo

conta as árvores.

A harmonia entre os dois lados, cada qual funcionando na sua justa e reta ordem - é o ideal para o equilíbrio e a saúde.

Meditação, canto e técnicas similares, aumentam a coerência e a harmonia nos padrões das ondas cerebrais; produzem um maior sincronismo entre os hemisférios. Por vezes, parece que populações crescentes de células nervosas são atraídas para o ritmo, até que todas as regiões cerebrais estejam, por assim dizer, pulsando como se coreografadas e orquestradas". (A Conspiração Aquariana).

A MENTE AGE, O CÉREBRO REAGE

Ao contemplarmos a presença grandiosa e insubstituível do cérebro no corpo, não podemos deixar de agradecer-lhe carinhosamente, mas seguimos adiante, porque o que dá vida ao cérebro é a mente. Se a mente sumir do cérebro, este desaba.

O cérebro, em última análise, é a ferramenta da mente.

O cérebro aprende o saber, as profundezas da mente detêm a sabedoria.

No cérebro está o humano, na mente habita o Divino.

O cérebro é a casa, a mente é a vida que acontece na casa.

No que tange à saúde, a mente é a causa, o cérebro

conduz ao efeito.

Bem-aventurado o cérebro, porque, enquanto pulsar, a vida humana seguirá em frente.

O cérebro tem capacidade de se autossuperar. E, quando não mais puder fazer por si, a mente pode.

Se você sofre de disritmia cerebral ou epilepsia, use sua mente para determinar o fim da tempestade cerebral e o reatamento do circuito harmonioso.

Certa vez, atendi uma menina que sofria de ataques. Não podiam deixá-la sozinha, porque corria risco de cair no fogão, na rua, em lugares perigosos. Falei-lhe da grandeza e da harmonia natural da mente e do cérebro e o poder que ela tinha para restabelecer a ordem na cabeça. A menina ficou curada, porque, em última instância, a mente tem poder sobre o cérebro.

Mente positiva - cérebro positivo.

O problema é quando a mente está poluída de negativismos fixados em qualquer época da vida. Certas situações até recebem nomes assustadores, como neuroses, psicose, esquizofrenia, demência.

A despoluição da mente - que chamamos de desobsessão - refaz o equilíbrio mental. Tudo tem solução.

O cérebro - vilão da história - agradecerá penhorado.

ESTÍMULOS CEREBRAIS

O cérebro é seu aliado e amigo.

Basta que você o estimule positivamente e ele fará

maravilhas para você.

Um sorriso, uma gargalhada, uma expressão de alegria - e ele já libera endorfinas, a morfina interna, cuja propriedade é produzir alívio e bem-estar.

Realize uma caminhada vigorosa - e ele novamente libera endorfinas, o analgésico natural do organismo.

Pegue um solzinho ameno - e ele libera serotonina, que também produz bem-estar e previne a depressão.

Entregue-se ao lazer, a emoções positivas, a passeios, dança, sexo, exercícios físicos, música alegre - e eis que o cérebro estará animando você através de endorfinas, opiáceos, encefalinas.

Ame e você sentirá um delicioso estado de euforia excitante, pela liberação dos hormônios da oxitocina, endorfina e dietilamina.

O cérebro quer estar sempre a seu favor. Esteja você também a favor dele, para que a saúde seja perfeita.

Capítulo 6

O SISTEMA IMUNOLÓGICO É O EXÉRCITO DA CURA

Qualquer tratado sobre saúde deve dar ênfase à ação do sistema imunológico. Ele é o valoroso e bem treinado exército, que cuida do território do seu corpo, atacando agressores, impedindo invasores, ficando alerta diante de elementos estranhos.

Se não fosse o sistema de defesa orgânica, imagine as doenças que irromperiam intempestivamente a toda hora. É o caso da aids, por exemplo, cuja tragédia situa-se no colapso do sistema imunológico.

O brilhante exército defensor do organismo conta com a seguinte formação:

Células sentinelas que identificam os intrusos.

Células de ataque.

Células que destroem agentes infecciosos.

Células capazes de capturar os vírus.

Células que convocam reforços.

Células que penetram nas células malignas, injetando venenos destruidores, extraídos do próprio corpo.

Precisa mais? Que maravilha!

Impossível você ser mais bem protegido.

Se há invasores - são identificados, atacados e destruídos.

Se surgirem revoltosos no próprio território - as células infecciosas e malignas - o alerta geral movimenta as defesas e o contra-ataque.

O QUE DIZEM OS ESTUDIOSOS

Em entrevista para a revista Vida e Saúde, o Dr. Sang Lee, especialista em Medicina Interna, Alergia e Imunologia, disse: "O sistema imunológico é constituído pelos glóbulos brancos do sangue. Há muitos tipos de glóbulos brancos, mas, entre os mais importantes, estão os linfócitos T. Quando os linfócitos T ficam debilitados, a pessoa desenvolve alergia, artrite, doenças autoimunes, câncer, etc. Os linfócitos T matam as células cancerosas, mas, se o corpo está desenvolvendo tais células e os linfócitos T estão doentes, eles não conseguem eliminá-las. O mesmo ocorre com respeito à aids. E, então, descobri porque os linfócitos T se tornam fracos. E a resposta é o estilo de vida. Os linfócitos T também enfraquecem quando a pessoa está irada, desesperada ou deprimida. Quando o indivíduo fica com raiva, por exemplo, produz o tipo errado de hormônios, que é a adrenalina. Esses hormônios sempre enfraquecem os linfócitos T".

E o Dr. Sang Lee prossegue dizendo que o pesar, o luto, a perda do cônjuge, enfraquecem as defesas e podem permitir o desenvolvimento do câncer. Afirma, ainda, que a perda do emprego também pode baixar as defesas.

A mágoa, o não-perdão, os medos, a angústia, o desânimo, também são fatores emocionais que baixam os níveis de defesa.

A infelicidade e o pessimismo envenenam a mente e afetam o sistema imunológico.

Pesquisas médicas descobriram que o sistema imunológico é drasticamente afetado por situações emocionais negativas. Encontraram também diminuição dos linfócitos T no cônjuge após a morte do companheiro. Outro resultado interessante é que a gravidade da depressão estava relacionada com a redução das atividades dos linfócitos T e B.

O Dr. Bernie Siegel assim descreve o sistema imunológico: "Consiste em mais de uma dezena de tipos de glóbulos brancos (leucócitos), encontrados no baço, no timo e nos gânglios linfáticos. Eles vigiam o organismo por meio dos sistemas sanguíneo e linfático. Um grupo desses glóbulos brancos, as células B, produz substâncias químicas que neutralizam os venenos secretados por organismos patológicos, ao mesmo tempo que ajudam o corpo a mobilizar suas próprias defesas. O outro grupo é formado pelas células T, que destroem as bactérias e os vírus invasores do organismo. Em poucas palavras, o sistema imunológico é controlado pelo cérebro, de forma indireta, por meio dos hormônios existentes na corrente sanguínea, ou, de maneira direta, pelos nervos e por neuroquímicos". (Amor, Medicina e Milagre).

As células T citotóxicas travam vigorosa batalha química contra as células infectadas pelo vírus, bombardeando-as com proteínas mortíferas.

As células T auxiliadoras são as comandantes do sistema imunológico, que emitem sinais para as células B e para as células T citotóxicas, a fim de que se juntem ao ataque.

Para que você entenda melhor o sistema imunológico, passo-lhe mais essa descrição de Clélia Maria Nascimento Schule: "O sistema imunológico é um sistema químico de defesa contra infecções e doenças. Uma das características do sistema imunológico é o de poder identificar quais proteínas pertencem ao organismo e quais aquelas que são elementos estranhos a ele. O sistema imunológico é dotado de uma memória bioquímica, que o habilita a distinguir algo em torno de dez milhões de micro-organismos estranhos ao corpo. Embora experiências in vitro mostrem que o sistema imunológico funciona autonomamente, uma vez no organismo mantém uma estreita relação com outros sistemas, podendo ter seu funcionamento influenciado por alterações emocionais". (Dimensões da Dor no Câncer).

VOCÊ PODE COMANDAR AS DEFESAS DO ORGANISMO

O organismo se rege por um triunvirato da pesada: a mente, o cérebro e o sistema imunológico.

A mente positiva ou negativa age sobre o cérebro, que responde liberando hormônios benéficos ou prejudiciais.

Há, também, uma perfeita interconexão entre o cérebro e o sistema imunológico, através de uma família de hormônios chamados timosinas e outros elementos no sangue. O sistema imunológico se comunica com o cérebro e este com o sistema imunológico, ambos agindo e reagindo em sintonia.

Quando a mente emite pensamentos negativos, atitudes pessimistas, desesperanças, mágoas, ódios, tristezas, desesperos, solidão, medos, o cérebro libera hormônios da adrenalina, cortisol e norepinefrina, que são, neste caso, prejudiciais e, além de tudo, enfraquecem as defesas, inibindo-as.

Quando a mente irradia alegria, felicidade, amor, alto astral, fé, bom humor, risos, coragem, o cérebro reage positivamente, bloqueando a ação dos inibidores e liberando hormônios da endorfina, que aliviam e eliminam as dores, produzindo bem-estar.

Elementos estranhos e intrusos que atacam as defesas não são apenas os vírus, bacilos, micróbios, bactérias nocivas, mas também pensamentos, sentimentos e emoções nefastos.

COMO FORTALECER AS DEFESAS

A mente positiva, alegre e feliz, fortalece o sistema imunológico. Esta é uma boa notícia.

O amor também é poderosíssimo fator de cura, porque fortalece as defesas e cura as enfermidades.

É preciso repetir que o sistema imunológico é o guardião da saúde e da vida.

Conhecer o funcionamento da imunologia é importante, porque, então, você saberá o que enfraquece o corpo, predispondo-o às enfermidades, e o que fortalece esse extraordinário exército defensor.

Já foi visto que a mente positiva, as atitudes positivas, a alegria, o riso, a fé, o amor, a felicidade, a alegre expectativa, a esperança, o otimismo, a paz de espírito, enfim as emoções positivas, são fatores poderosos que tornam o sistema imunológico forte, eficiente e eficaz.

Os que reagem à doença com indestrutível vontade de recuperar a saúde, contam com a ação vitoriosa dos linfócitos.

Não negue o diagnóstico médico, mas negue o veredicto. Seu veredicto pessoal, irrecorrível, é a cura.

A mentalização da cura antecedida por confortante relax, que alcança as energias mais profundas e vigorosas, conduz o sistema imunológico à batalha da saúde.

Em 1980, o psicólogo Alberto Villoldo provou que a meditação regular e a visualização da própria cura aumentam a reação dos leucócitos.

Sabe-se que a prática frequente do relax aumenta

o número de linfócitos T.

A fé e a certeza da capacidade de cura ativam, de forma admirável, o sistema imunológico.

As emoções positivas também aumentam a imunidade.

Orações de cura, cantos religiosos positivos, que geram entusiasmo e expectativa de saúde, são poderosos estimuladores do sistema imunológico.

Os cientistas descobriram que exercícios de relaxamento e a imaginação criativa de cura levam os linfócitos a aumentar a produção de anticorpos e de células interleucinas-2, além de acentuar a atividade da célula NK e ampliar a eficácia dos linfócitos T citotóxicos. O padrão das alterações imunológicas correspondia ao nível de relaxamento e da imaginação. Igualmente interessante era o fato de os pacientes demonstrarem forte determinação para sobrepujar a doença. (Norman Cousins)

Há também fatores externos que estimulam a mente a sensibilizar positivamente o sistema de defesas, como os exercícios físicos, a caminhada, o lazer, a dança, o sexo, o passeio, o sol, a música, a alegria e o riso.

Agora é com você.

Você é o inteligente comandante das defesas e ataques.

Está doente?

Entre em contato com as valorosas defesas e parta para a vitória.

Cure-se pela mente.

Você pode.

Nada resiste a um exército forte, organizado, confiante, positivo, determinado e bem comandado.

Capítulo 7

A CIÊNCIA DO PODER DA MENTE ENSINA AUTOCURA

A ciência do Poder da Mente sempre admitiu que a doença nasce na mente e se expressa no corpo.

Walter Germain, especialista mental, escreveu:

"Sua mente controla toda a matéria do seu corpo. E você, tendo controle sobre a mente, terá controle também sobre o corpo. As resultantes disso são óbvias". (O Mágico Poder da Sua Mente).

Joseph Murphy, talvez o maior escritor e especialista do Poder da Mente, escreveu:

"Mesmo considerando que o remédio não tenha nenhum valor medicinal, se o paciente o usar acreditando piamente que vai ficar bom, isso desperta a química do seu corpo e mobiliza os poderes de cura do seu subconsciente". (Como Usar as Leis da Mente).

A afirmação de que toda cura não deixa de ser processo mental é muito polemizada, por isso faço questão de citar o maior número possível de autores. Mas, não quero encher a sua paciência. Desejo apenas que tenha melhores condições e subsídios para fazer a sua própria avaliação.

Tarthang Tulku, lama tibetano muito conceituado, diretor de vários centros e institutos de meditação, pioneiro no trabalho de aproximação entre oriente e ocidente escreveu em seu livro Gestos de Equilíbrio:

"Quando sentimentos e atitudes positivas e alegres passam através de cada órgão e circulam através de todo nosso sistema, nossas energias físicas e químicas se transformam e equilibram. Em outras palavras, temos a capacidade de recriar nosso corpo através da energia positiva".

A receptividade da mente universal ao pensamento vem sendo pregada há muito tempo pelo Dr. Ernest Holmes e seu Instituto de Ciência Religiosa, de Los Angeles. O Dr. Holmes escreveu alguns livros sobre o poder de cura pelas crenças positivas e mantém, em seu Instituto, um tratamento clínico espiritual que faz dos milagres um fato corriqueiro. Entretanto, o Dr. Holmes sorri quando são chamados de milagres:

- São apenas o uso da Lei da Mente em Ação – diz ele. - Mude a ideia de uma coisa e você mudará a coisa. É simples assim. (Três Palavras Mágicas).

EMILE COUÉ

Emile Coué, químico-farmacêutico, que viveu na França, de 1857 a 1926, dedicou-se a curar as pessoas pela mente, através da autossugestão. Originário de uma família nobre, mas arruinada, deixou a Química, na qual se formara, para se dedicar a uma farmácia, a fim de ganhar a vida.

Alguns anos mais tarde instalou-se em Nancy e dedicou-se à Psicologia.

Um dia, uma doente foi a ele para que fizesse uma poção que lhe tinha sido receitada. Coué viu que o produto era perigoso à saúde e o substituiu por uma água destilada aromatizada e a mandou à cliente, que a usou e ficou curada. Este fato, e outros, o levaram a entrar no campo da Psicologia. Em 1910, Emile passou a usar o método de cura pela autossugestão, com ótimos resultados. Tomou-se famoso. Abriu uma sala de conferências e também andou pelo mundo para tornar conhecido seu método.

Afirmava ele: "Eu não faço milagres, mas vos ajudo a curar-vos a vós mesmos".

Morreu em plena atividade, no dia 2 de julho de 1926, com 69 anos.

No seu livro O Domínio de Si Mesmo Pela Autossugestão, escreveu:

"Em contrário à opinião geralmente aceita, a sugestão, ou autossugestão, pode realizar a cura de lesões orgânicas".

Numa outra passagem do seu livro, assinalou:

"O subconsciente é o dirigente principal de todas as nossas funções. Façamos-lhe crer que tal órgão, que não funciona bem, deve funcionar bem. Instantaneamente, o subconsciente lho ordena e o órgão, obedecendo submissamente, recupera a sua função normal, imediatamente ou aos poucos".

É dele também esta afirmação:

"O subconsciente pode não somente reparar o mal que nos fez, como também curar as doenças reais, tão grande é a sua ação sobre o nosso organismo".

OUTROS AUTORES E A CURA

James Allen, autor de grande expressão no mundo da mente, declarou:

"Doença e saúde, como as circunstâncias, têm suas raízes no pensamento. Pensamentos doentios se expressarão através de um corpo doentio. Pensamentos de medo - é coisa sabida - podem matar um homem tão rapidamente quanto uma bala e, embora não tão rapidamente, matam, sem cessar, milhares de pessoas. Os indivíduos que vivem sob o medo da doença são os que adoecem. A angústia leva todo o corpo a entrar num rápido processo de abatimento e o deixa aberto às enfermidades". (O Homem é Aquilo Que Ele Pensa).

No outro dia, me contaram uma história mais ou menos assim:

Certa vez, a Morte mandou um aviso ao rei dizendo que ia invadir o reino e matar dez mil pessoas. O rei ficou aflito e tratou de negociar com a Morte, explicando o imenso sofrimento das mães, pais, filhos, e a desgraça que se abateria sobre o país. Conversa vai, conversa vem e chegaram, por fim, a um acordo em que a Morte destruiria apenas cinquenta pessoas em todo o reino. Menos do que isso, nem pensar. A Morte ficou irredutível.

Começaram a morrer de peste vinte pessoas, trinta, cem, mil, duas mil, dez mil. Foi uma tragédia. O rei, decepcionado, foi reclamar com a Morte por não ter cumprido o pacto.

- Eu cumpri - respondeu a Morte.

- Como?! - explodiu o rei. - Morreram dez mil cidadãos de peste! Nós não fizemos um pacto de que você mataria apenas cinquenta?

- Eu matei apenas cinquenta pessoas. O resto morreu de medo. Não tenho nenhuma culpa.

James Allen tinha razão: os indivíduos que vivem sob o medo da doença, são os que adoecem.

Em outro livro, Allen acentua:

"A saúde e o verdadeiro sucesso vão de mãos dadas, porque estão inseparavelmente entretecidos no domínio do pensamento. A harmonia mental não só produz a saúde do corpo, como até conduz à realização desejável dos nossos planos". (Da Pobreza ao Poder).

Não poderia deixar de citar um dos maiores nomes da ciência do Poder da Mente, Joseph Murphy, famoso conferencista e autor de 36 livros.

Escreveu:

"Todos nós nascemos com o poder de cura pela simples razão de que a presença curadora de Deus encontra-se dentro de todos os homens, e todos nós podemos entrar em contato com ela através de nossos pensamentos. Ela atende a todos". (O Poder Cósmico da Mente).

O PODER DA MENTE E A CURA

Phil Edwardes e Annette De Saulles, no livro O Toque do Amor, escreveram:

"Sua mente é a ponte entre você e o seu cérebro. O cérebro é a ferramenta da mente e o corpo é a ferramenta do cérebro. Você é o responsável por tudo isto. Portanto, fazer uso do processo de cura poderia ser descrito como você usar algo que já possui - a sua mente - para perceber mais claramente uma outra coisa que é verdadeira: não há nada de errado com você, somente o corpo pode adoecer".

Prentice Mulford defende a ideia de que a nossa força mental nunca esmorece e nem diminui, mesmo quando estejamos idosos ou enfermos.

Diz ele:

"Podemos exaurir e extenuar o corpo, debilitando-o, até chegar à morte, mas a Força invisível e a energia mental, que é quem atua nesse corpo e faz agir, essa nunca enfraquece nem morre". (Nossas Forças Mentais).

Depois, ele acrescenta:

"Nunca nos deve abandonar a ideia de que o homem possui uma força mental sempre progressiva e que, sem cessar, esta força pode ser aplicada para fortalecer e dar nova vida ao corpo".

O famoso mestre e fundador da Seicho-No-Ie, Masaharu Taniguchi, faz este comentário num de seus livros:

"Há casos em que, pelo senso comum, podemos dizer que ocorreu a cura devido ao uso daquele medicamento. Mas, mesmo nesses casos, podemos considerar a possibilidade de que a cura tenha ocorrido pela sugestão; isto é, como o paciente nutria grande expectativa na eficácia do medicamento e pensava "usando isto ficarei curado", essa ideia constituiu uma sugestão preliminar; e quando ele passou a usar (via oral ou por meio de injeção) o referido remédio, ocorreu a cura como resultado dessa sugestão... Se um medicamento produz efeito num paciente, isto ocorre simplesmente porque age no sentido de estimular a força curativa natural do organismo. Isto significa que, mesmo sem usar tal medicamento, o paciente ficará curado se receber uma orientação espiritual correta que elimine o desejo inconsciente de estar doente e lhe estimule a força curativa natural. Não é de surpreender que até mesmo um paciente que sofra de câncer e esteja desenganado pelos médicos, possa encontrar a cura quando recebe orientação religiosa e muda completamente a atitude mental. Dar orientação religiosa ao doente não é interferir no tratamento médico. Podemos dizer que é aplicar a Psicologia e a fé religiosa para suprir o que falta ao tratamento médico".

(A Chave da Beleza e da Saúde).

Norman Cousins é um caso clássico da Medicina em que se constata a ação da mente sobre o corpo. Sofria de artrite espinhal e estava condenado pela Medicina a passar o resto da vida no leito. Sua doença incurável iria deteriorar cada vez mais sua saúde.

Certa vez, ouvia ele uma conferência do Dr. Hans Selye, pesquisador do estresse, em que dizia que o estresse afeta a química do organismo, predispondo-o a doenças.

Norman, que foi editor da revista Saturday Review durante trinta anos, refletiu sobre o assunto e chegou à conclusão de que o contrário também era verdadeiro e realizou uma autoterapia baseada na fé e no bom humor. Resultado: ficou curado. Passou, então, a dedicar-se ao estudo das relações entre a mente e o corpo, frequentando durante muitos anos o convívio de professores universitários de Medicina voltados para essas pesquisas. Foi o único a receber o Grau de Honra em Medicina, premiado na Yale University School of Medicina, fornecido por New Haven County Medical Association e por Connecticut State Medical Society. Escreveu vinte livros.

Em sua obra "Cura-te Pela Cabeça - a Biologia da Esperança", Norman registrou o seguinte:

"A maneira pela qual as emoções são processadas pelo cérebro, afetando quase todas as funções do organismo, inclusive a digestão, a respiração, a circulação, o coração, os hormônios e o sistema imunológico, pode servir de importante guia em qualquer programa de prevenção da doença. Da mesma forma, o exercício físico adequado e a escrupulosa atenção às exigências de nutrição do organismo humano, fazem parte de uma estratégia para manter a saúde e combater a doença".

Hans Holzer escreveu:

"A saúde começa dentro de nós". (Além da Medicina).

Mais adiante, insiste Holzer:

"Os pensamentos, portanto, podem causar a doença; assim como outros pensamentos podem desfazer a doença".

Clélia Maria Nascimento Schule também declara:

"A mente, a inteligência, está em cada célula do corpo. A mente não está confinada ao espaço acima do pescoço, mas espalhada através do cérebro e do corpo". (Dimensões da Dor no Câncer).

A mesma autora, faz, a seguir, mais esta colocação.

"A psiconeuroimunologia informa que a mente e o corpo são a mesma coisa, componentes inseparáveis de um organismo total, falando a mesma "linguagem química" e, continuamente, "conversando entre si".

Muito conhecida é a escritora e conferencista Louise Hay, dos EUA.

Ela atribui os problemas de saúde a causas mentais e até criou uma lista das principais enfermidades que acometem o ser humano indexando-lhes as causas mentais.

Escreveu ela, certa vez:

"Toda a doença pode reverter apenas com a mudança dos esquemas mentais. Para cada efeito que se produz em nossa vida há um esquema mental que o precede e o mantém". (Cura Teu Corpo).

Marcus Bach é autor do livro O Poder da Vida Total. A certa altura da sua obra, destaca:

"A mente está presente em todas as células do corpo."

Também afirmou:

"A mente é um saber inato coordenando as várias funções do corpo".

O autor cita ainda Platão que, juntamente com outros filósofos, teria dito que "a saúde é um caso de amor entre os órgãos do corpo humano".

O escritor Phil Edwardes comentou: "O triste é que existem muitas pessoas que não usam suas mentes. Sim, a mente sobrepujando a matéria é muito real". (O Toque do Amor).

A MENTE FAZ A SAÚDE E A BELEZA

A indústria cosmética fatura bilhões anualmente, para atender quem deseja melhorar seu aspecto físico. Sem dúvida, a intenção das pessoas que se maquilam para embelezar a aparência e rejuvenescer a pele, é ótima, uma vez que o exterior revela o interior. O rosto é, por assim dizer, o cartão de visita da pessoa. Ele expressa alegria ou tristeza, paz ou angústia, saúde ou debilidade, juventude ou decadência, energia ou baixo astral, felicidade ou depressão, simpatia ou antipatia.

Trabalhar o corpo, maquilar o rosto, fazer plástica corretiva, tudo isso significa que a pessoa gosta de si e quer revelar-se de forma atraente, positiva, agradável e bonita.

Mas, nem todos sabem que o interior faz o exterior. A vida e a beleza do rosto são efeitos da mente. A energia que faz a beleza é interior.

Prentice Mulford escreveu uma grande verdade:

"Nossos pensamentos modelam a nossa fisionomia e dão-lhe a sua expressão peculiar. Os nossos pensamentos determinam as atitudes, o aspecto exterior e até a forma de todo nosso corpo". (Nossas Forças Mentais).

Você conhece pessoas que são bonitas, embora o rosto não tenha a padronização tradicional de beleza. Há pessoas que não atraem, apesar de ostentarem o modelo clássico de beleza. E há, ainda, pessoas que não apresentam bom aspecto, mesmo depois de tratados os cabelos, maquilado o rosto e adornado o corpo com joias de bom valor. Sem dúvida, tudo que ajuda você a melhorar a aparência é muito bom, mas é importante levar em consideração que a vida do rosto e do corpo é determinada pela mente.

Você gosta de si - e se não gosta, comece a gostar-se desde agora - então cultive pensamentos alegres, positivos e otimistas, porque influirão extraordinariamente na sua fisionomia.

Quantas vezes você ouviu que o amor faz rejuvenescer! É uma verdade incontestável. Amor é luz, é energia, é irradiação, é vida e expressa-se em forma de beleza.

Cultive a mente positiva, amorosa, feliz, autoconfiante, alegre, cheia de fé, e você verá resultados maravilhosos no rosto e no corpo todo.

A luz interior é o cosmético mais barato e mais eficaz.

Sempre se disse que juventude é estado mental.

Agora você sabe por quê.

Dizem que quando você nasce tem o rosto que Deus lhe deu e, aos trinta anos, tem o rosto que você se deu.

Seja legal com você: dê-se um rosto bonito, radiante e atraente.

Para tanto, use não apenas maquilagem, banhos, plástica, vitaminas, produtos embelezadores, mas principalmente os benéficos e indispensáveis produtos mentais positivos.

A MENTE AGE, O CORPO REAGE DE ACORDO

A vida humana, neste planeta, faz-se pela interação absoluta de dois princípios vitais: mente e corpo.

Você não é só corpo, tampouco é mente apenas.

Ambos são essenciais para a vida, nesta dimensão terrena. Mas, o corpo é a resposta da mente. É o resultado da mente.

A mente age e o corpo reage de acordo.

O corpo é a sede da mente, mas esta o transcende.

O corpo está sempre atrelado à mente, sob pena de desintegração.

Sem a mente, o corpo não subsiste, nem no todo e nem nas partes. Até mesmo em caso de transplante, o órgão sobrevive quando entra em imanência com outra mente. Ponha um braço humano num boneco de madeira e o braço entrará em decomposição.

A vida humana exige, necessariamente, corpo e mente em comunhão indissolúvel. Não há como separar, a não ser que ocorra a falência dessa vida.

A mente é o eu superior, o corpo é o eu inferior.

Pertence a este obedecer àquela. É a ordem natural.

Toda ação e reação, que se estabelece tanto na mente quanto no corpo, é resultado da mente.

Repetindo: a mente age e o corpo reage de acordo.

O que acontece no corpo, portanto, é consequência da mente. Assim, a saúde que se expressa na mente, se expressa no corpo; a doença que ocorre no corpo tem sua origem na mente.

Diz o velho ditado da sabedoria latina: "Mens sana in corpore sano". Significa: mente sadia produz corpo sadio. O contrário também é verdadeiro: mente doentia gera corpo doentio.

Hipócrates, pioneiro da Medicina ocidental, viveu cerca de quatrocentos anos antes de Cristo. Já naquela época, ele dizia que tudo o que acontece na mente afeta o corpo.

Este sábio grego é também autor desta outra verdade: "Se uma parte está doente, o todo está doente."

O psiquiatra Arnold Hutschnecker escreveu que "a doença é alguma coisa mais do que um sistema que funciona mal ou do que um órgão doente. A doença é a expressão aparente de uma luta profunda e, possivelmente, perigosa, que se trava no interior de cada um". (A Vontade de Viver)

Virchow definiu a doença dizendo que "é a vida em condições modificadas". (Saúde).

Diz a sabedoria védica: "A inteligência interior do corpo é o maior e supremo gênio da natureza. Ela espelha a sabedoria do cosmo". Deepak Chopra, que citou a frase acima, acrescentou: "Esse gênio está no seu íntimo, é uma parte de seu molde que não pode ser apagada". (Saúde Perfeita).

A MENTE, EM SI MESMA, É SAUDÁVEL E CHEIA DE VIDA

Você é a sua vida; a sua vida é a sua mente; a sua mente é expressão do espírito, que sempre é. Consequência: você sempre é.

Se você sempre é, em razão do espírito, conclui-se que a mente não adoece e nem apaga a fagulha vital. Apenas o corpo, em certo momento, perde as condições de absorver a energia vital.

Como escreveu Phil Edwardes:

"Você não depende do seu corpo para existir, apenas pensa que sim.

Você nunca fica doente, só o seu corpo". (O Toque do Amor)

Na verdade, você não é seu corpo. Você é você e mais seu corpo, que, nesta dimensão, é necessário para que você possa agir como criatura humana terrena.

Edgar Cayce disse, certa vez:

"O espírito é a vida, a mente é a construtora e o corpo é o resultado".

A saúde é o estado de harmonia perfeita positiva entre o espírito, a mente e o corpo.

Podemos dizer que o espírito é a fagulha divina, é o infinito do finito, é a imanência divina no ser humano, por isso o espírito é santo.

O espírito é a vida pura originária da Vida Suprema. É, então, a Fonte da vida, geradora da energia curadora.

A mente é você agindo no espírito.

Como o espírito não morre, a mente também não morre, o que leva à conclusão de que você não morre. Espere um pouquinho, deixe-me explicar: a morte no sentido de que a pessoa desaparece, se desfaz, realmente não existe. O que vai acontecer é que você, continuando vivo, passará a uma outra dimensão, que esperamos seja um paraíso de delícias sem fim. Pela chamada morte, há uma separação entre a mente-espírito e o corpo. Como, no entanto, a vida é a mente, e esta continua, você não deixa de ser.

O espírito, resumindo, é vida abundante, é energia

inesgotável, é perfeição, é você na mais alta expressão.

Eis a razão porque o Mestre dizia: "Vim para que tenhais vida e vida em abundância".

Disse, ainda, Jesus: "Sede perfeitos como vosso Pai Celestial é perfeito".

A perfeição é o supremo grau da vida humana. É a interação absoluta com o espírito. É a saúde total.

Quando você consegue ligar-se nessa energia vital superior, o corpo reage milagrosamente e a vida se refaz.

Provavelmente baseados nesta visão é que grandes sábios afirmam que tudo tem cura, que o milagre é sempre possível, que a fé cura todas as enfermidades.

O desconhecimento deste princípio vital, causado pela mente ignorante, é a causa das doenças.

A mente, em si mesma, em sua essência, é, por outra palavra, o espírito.

A MENTE FAZ A IDENTIDADE DA PESSOA

Desde o momento em que você passa a existir nesta dimensão, o seu espírito molda-se à sua personalidade, ao seu pensar, às suas decisões, crenças, hábitos, conhecimentos, ações, reações e decisões.

O desenrolar desta vida é você agindo no espírito.

O ilimite do espírito, em comunhão com o limite do seu ser humano, forma a realidade de cada indivíduo.

A mente é a palavra que significa esta realidade personalizada.

A mente de cada pessoa faz a identidade individual.

No espírito está o Poder que tudo alcança - como ensinou Jesus.

No espírito está a Sabedoria, que detém todo o conhecimento.

A mente, ou seja, você, pode alcançar este Poder e esta Sabedoria, como pode jamais chegar a tal dimensão. Depende de percorrer o caminho que conduz até lá.

O Poder e a Sabedoria existem na criatura humana, mas a mente, que é o caminho que leva ao Poder e à Sabedoria, pode ser ignorante, preconceituosa, inibida, apagada.

Às vezes, até, a mente nem sabe que existe o caminho. Nega-o com todas as suas forças.

A mente precisa saber, a Sabedoria sabe.

Não é a falta de poder, de condições, de capacidade, que impede alguém de curar-se, mas o desconhecimento dessa verdade.

Você - como diz a bíblia - é imagem e semelhança divina, mas pode estar vivendo com absoluto desconhecimento desta informação.

Você é filho de Deus - como disse Jesus - mas pode acreditar que é apenas macaco de duas pernas.

A mente, enquanto permanecer ignorante ou embotada, não tem condições de desencadear energias regeneradoras.

O rico, que vive como pobre, é pobre. O ser humano, que vive como incapaz, é incapaz.

A ignorância - dizem os sábios - é a mãe de todos

os males.

Se você acha que não pode - não pode. Se você acha que pode - pode.

A mente é determinada pelo pensamento. Você é o que pensa.

Você é o que acredita.

Você é a sua mente.

Capítulo 8

A CURA PELA FÉ

Muito se tem escrito e falado sobre a fé, ao longo dos tempos. Com razão.

No dizer de Jesus, trata-se da Força mais poderosa do mundo, capaz de mover montanhas, curar doenças, realizar milagres, tudo alcançar e tornar possível o impossível.

Cada vez que medito sobre este ensinamento do Mestre, fico mais impressionado e exultante.

A fé é uma verdade tão estupenda, que mereceu esta revelação do Cristo:

"Aquele que tiver fé,
fará as obras que eu faço
e fará obras maiores ainda do que estas".

Quais foram as realizações admiráveis de Jesus? - Curou doentes incuráveis; desfez males e sofrimentos do corpo, da mente e do coração; multiplicou pães e peixes; acalmou os ventos e as águas; conduziu a uma pesca abundante, num dia em que os discípulos nada haviam pescado; restaurou a vista aos cegos, fez andar paralíticos, ressuscitou mortos.

Além do poder de Deus, que Jesus disse que possuímos, ainda contamos com o auxílio de alta tecnologia, por isso temos condições de realizar maravilhas maiores do que as que foram operadas pelo Mestre.

A fé é uma força que não encontra limites, a não ser aquele que a própria pessoa lhe atribui.

"Os que tiverem fé - afirmava o Nazareno - expulsarão espíritos malignos, falarão línguas novas, pegarão serpentes, se beberem algo mortífero não lhes fará mal e imporão as mãos sobre os enfermos e eles ficarão curados".

A FÉ TUDO PODE - DISSE JESUS

"Tudo que pedirdes ao Pai, em estado de oração, com fé, alcançareis".

Essa declaração do Mestre revela, com todas as letras, que não há doença que não se renda à força curadora da fé.

Dentro da palavra TUDO, com certeza se incluem as doenças de câncer, cardiopatias, paralisias, aids, lepra, enfartes, derrames, cirrose, diverticulite, problemas digestivos, mentais, pneumológicos, cerebrais e toda espécie de sofrimento.

Tudo é tudo mesmo.

Se a fé não conseguisse resultados contra algum

tipo de enfermidade, Jesus teria informado.

Pelo contrário, ele repetiu reiteradamente o poder ilimitado da fé:

"Seja o que for que desejardes, quando orardes crede que tendes alcançado e alcançareis."

Seja o que for que desejardes, alcançareis. Pode ser a cura de um órgão, a eliminação de qualquer incurabilidade.

Certa vez, aproximou-se de Jesus um pai com o filho, que sofria de epilepsia, e pediu ao Mestre:

- Senhor, se tu podes, cura o meu filho.

Jesus lhe respondeu:

- Se eu posso?! Quanto ao poder, quem tem fé tudo pode.

E curou o garoto.

A resposta de Jesus trouxe uma grande revelação. Ele poderia ter dito que podia curar o pequeno e que iria curá-lo, mas preferiu transmitir a verdade total: "Quanto ao poder, todo aquele que tiver fé, tudo pode".

Ninguém tinha conseguido curar o garoto até então, nem a Medicina, nem os curandeiros, nem os discípulos. Estes foram incapazes apenas porque lhes faltou fé.

Se você tiver fé, conseguirá debelar qualquer tipo de enfermidade, pouco importando o nome da doença, a gravidade e a incurabilidade.

Esta verdade abre as portas da esperança para todos os que ainda não encontraram nenhum meio de recuperar a saúde.

Outra vez, voltou a insistir o Mestre:

"Crede que alcançareis tudo quanto pedirdes na oração e ser-vos-á dado".

De acordo com esta afirmação, não basta pedir. É essencial acreditar que vai receber. Aqui está o mapa da mina.

Muitos são os que pedem - raros os que acreditam no resultado.

Sem a fusão entre o pedido e o recebimento, tornando-os uma unidade mental indissolúvel, não há fé.

Numa outra ocasião, Jesus foi mais simples e direto.

"Pedi e dar-se-vos-á,
porque todo aquele que pede,
recebe".

Entre o pedir e o receber não há nenhuma condicionante, nenhuma limitação, nenhuma exigência de mérito ou de crença religiosa.

Todo pedido, feito por quem quer que seja, carrega em si o recebimento. A única exigência indispensável é que o pedido seja feito com fé no resultado.

Se você não acredita que receberá o que pede, desligou a força todo-poderosa.

Por que as pessoas não alcançam a cura de seus males? Porque têm mais fé na doença do que na cura.

Se alguém fizesse a oração da cura e acreditasse realmente que a oração obtém a saúde, não tornaria a falar na sua doença, nem a se queixar dela e nem a revivê-la no seu íntimo. Faz isto porque a mantém em si. Neste caso, sua fé é na doença e não na cura. Seja feito em você conforme a sua fé. E a doença fica. Não por falha da Lei, nem por critério de Deus, mas por sua própria determinação interior.

Conscientize-se de que a fé, sendo fé, sempre produz as obras, como ensina a bíblia.

Se você orou e não alcançou, não busque explicações fora de si. Veja onde você falhou. Deus, que age através de suas Leis, não falha. Você atropelou alguma premissa da fé.

O apóstolo Tiago, em sua carta aos hebreus, foi muito claro:

"E a oração da fé
curará o enfermo".

Também o apóstolo João, numa de suas cartas, clarificou essa verdade:

"Ora, sabendo que Deus atende aos nossos pedidos, sabemos que receberemos o que pedimos".

Da parte do Infinito, portanto, não existe sequer possibilidade de falhar a Lei da fé.

É por isso que eu considero a fé como a mais fantástica revelação de Jesus.

Quando você se vê sufocado por males que abatem seu ânimo e paralisam suas forças, pense que a fé aciona o Poder Infinito, que supera qualquer barreira, mesmo que seja montanha intransponível.

A fé remove montanhas - no dizer de Jesus.

Se você está dominado por febre alta, o coração se entregando, o corpo em tremores terminais, agarre-se a essa tábua de salvação.

A fé cura qualquer enfermidade.

DEUS NÃO AMA O SOFRIMENTO

Conheci um senhor, enfermo há quatro anos, que me disse: “Acho que Deus quer o meu sofrimento, porque rezo com fé, mas não consigo melhorar”.

Fiz-lhe ver que sua afirmação continha três elementos que impediam a sua cura.

Primeiro: Se você acha que Deus quer o seu sofrimento, permanecerá o sofrimento. Não porque Deus o queira, mas porque assim como você pensa, assim é e será para você.

Claro que Deus não é sádico para se comprazer com o sofrimento de quem quer que seja e muito menos para desejá-lo. Sofrimento é efeito de alguma causa sua e não presente doloroso de Deus. Se nenhum pai deseja o sofrimento para o filho, como é que se pode pensar assim de Deus, que é amor infinito?

Deus quer a sua cura e não o sofrimento, uma vez que sofrimento é um mal e em Deus não existe mal de espécie alguma.

O sofrimento que existe em você é resultado de ações suas, porque não há efeito sem causa correspondente.

Muitos refletem assim: Eu nunca desejei doença e nem sofrimento para mim, portanto não posso ser acusado de autor dos meus males. O que eu quero é que minhas doenças desapareçam de mim. Se não pedi doença, se detesto enfermidades e sofrimentos, não é correto dizer que fui eu que produzi o mal contra o qual luto para me libertar.

Você pode não ter desejado a doença e nem o sofrimento, mas você os criou.

Uma coisa é desejar: faz parte de um ato deliberativo, que busca um resultado.

Outra coisa é criar. Você pode criar na mente o que deseja, como pode criar o que detesta. Você pode acreditar no mal, como no bem. Você pode entender que tal situação não tenha solução, embora a deseje.

Certa vez, uma senhora me falou, muito desanimada, que estava deprimida porque sua doença não tinha cura.

Qual era o desejo dela? - A cura.

Qual era a crença da mulher? - Que a doença era incurável.

Far-se-á de acordo com a fé dela.

O segundo elemento que surge da afirmação feita por aquele senhor é sua convicção de que reza com fé. Impossível haver uma oração feita com fé sem o resultado que lhe é devido. Claro que o homem não pedia a cura com fé, do contrário a teria alcançado. Só o fato de acrescentar que não conseguia melhorar, já indica que não tinha fé.

É bom ressaltar que a fé não admite dúvida, nem descrença, nem retorno, nem hesitação, nem negativismo, nem desinteresse, nem medos, nem contradição, nem oposição, nem pessimismo.

Fé existe quando você proclama a palavra definida e definitiva.

A fé é expressão de uma verdade mental, que, muitas vezes, se opõe à verdade real.

Sua verdade real pode ser o intestino tomado por câncer, quando sua verdade mental é o intestino perfeito, saudável, regenerado, funcionando corretamente. Pela fé, esta verdade interior não sofre alterações, mesmo que continuem as dores e os sintomas do mal. A pessoa que se vê diante desta situação, usará todos os meios que possam ajudá-la a manter vívida e indestrutível essa verdade. A fé não admite retorno. A fé, portanto, é desconectada se o paciente voltar a recriar seu mal na mente. A fé transcende a realidade física, para situar-se apenas na verdade mental.

Às vezes é fácil ter fé na cura, quando você sente e vê seu organismo reagir admiravelmente.

Nas situações mais graves, em que você não percebe sinais evidentes de melhora, a fé, não raro, balança.

Mais difícil ainda é ter fé na cura quando a doença aparentemente continua avançando como uma avalanche que leva tudo por diante.

Mas, se a fé se torna exigente, por outro lado lhe oferece a maior das recompensas: a saúde. A decisão é sua.

A FÉ NÃO FALHA

Seus esforços por chegar ao elevado estágio mental e espiritual de fé são totalmente recompensados, porque a fé não falha.

Diz a bíblia que a fé, sendo fé, sempre produz as obras.

Ensina a ciência do Poder da Mente que a fé é uma Lei universal e que, por isso, jamais pode falhar, desde que se coloquem corretamente as premissas.

James Allen, consagrado autor, estudioso da mente, escreveu:

"Pela força da fé, consegue-se a realização de toda tarefa. Fé no Altíssimo, fé na Lei que tudo governa; fé em vossa obra e em vossa força para desempenhar a tarefa. Eis a rocha sobre a qual haveis de construir vosso edifício, se quiserdes conseguir o alvo desejado, se quiserdes ficar firme em vossa posição e não cair. Sabendo que as Leis do universo nunca deixam de agir e que a vossa vontade tornará a vós, com exatidão matemática, nisto consiste a fé e a vida cheia de fé". (Da Pobreza ao Poder).

Mais adiante, explica James:

"Tendo por centro do vosso ser essa fé, chegareis a possuir tanta força espiritual que rompereis como se fossem brinquedos de vidro, todas as forças do mal que surgirem contra vós..."

Como escreveu Allen, a fé tem a força de destruir qualquer enfermidade e restabelecer a saúde total.

A única coisa que se deve levar em conta, é que a fé não aceita parceria com a descrença e nem com o medo.

Se você mantém a mente fixada na realidade, como será possível oferecer uma nova realidade? E, se não oferecer uma nova realidade mental, como poderá criar nova realidade física?

Não há outro caminho. A própria lógica determina tal.

O seu mundo material é resultado do mundo mental. O mesmo acontece no seu corpo. Se permanecerem as mesmas imagens da doença, continuará a persistir a mesma realidade no corpo.

Como diz o especialista da mente:

"Se você continuar a pensar como sempre pensou, continuará acontecendo o que sempre aconteceu".

A mudança da realidade surge da mudança mental.

Jesus afirmou, certa vez, que a fé tudo pode. Neste caso, não há dúvida de que tem poder de remover sua enfermidade.

<u>Os passos são estes:</u>

<u>Primeiro</u>, crie a verdade mental do seu órgão perfeito dentro de um corpo saudável.

<u>Segundo</u>, mantenha firme, sem ceder em nenhum momento, essa verdade na sua mente.

<u>Terceiro</u>, agradeça, desde já, o seu milagre.

<u>Quarto</u>, agora evite aquilo que causou o seu mal.

Seja positivo.

É de boa inteligência que você utilize tudo o que possa ajudá-lo a manter viva e unívoca a sua fé na cura do seu mal.

Antes de tudo, vai-lhe a certeza de que fé é uma lei, portanto não falha.

COMO FORTALECER A SUA FÉ

Veja os exemplos de tantas outras pessoas que passaram por situações piores que a sua e venceram. Se elas puderam, você também pode. Ninguém é menos do que ninguém.

Como sinais externos e sensíveis fortalecem a fé, use aqueles que lhe dizem respeito, por exemplo uma água abençoada por alguém cuja força espiritual você acredita; uma relíquia de algum santo de sua devoção ou que lhe fizeram crer que é poderoso para o seu caso. Acender velas, fazer novenas, promessas, sacrifícios podem reforçar sua fé, se você credita algum valor a essas ações.

Ler livros que fortaleçam sua fé e ouvir depoimentos de pessoas curadas pela fé - são ótimos instrumentos a serem usados.

Mentalizar a cura em nível alfa ajuda imensamente, porque, neste nível, a mente aquietou-se, entrou em estado de forte receptividade, e você tem abertos os canais curadores do seu íntimo.

Fazer oração positiva de pedido de cura a Jesus Cristo, ao Pai Celestial, ao Espírito Santo, à Nossa Senhora, ou a algum santo da sua confiança é método extremamente usado por milhões de pessoas, com ótimos resultados.

Manter consigo um objeto ao qual você atribui grande força curadora, também favorecerá sua fé.

Frequentar sessões espirituais de cura será de muita eficácia para sua fé, se o conteúdo da sessão e os métodos não conflitarem com suas crenças.

Saber que outras pessoas amigas estão em corrente de mentalização e oração por você, também ajuda a solidificar sua fé.

Há pessoas que vivificam a fé fazendo peregrinação de cura a algum lugar de aparições, a algum santuário famoso, a algum lugar especial.

Sempre que puder, aproveite tudo que o ajude a mergulhar na correnteza da fé.

Fé sempre determina dimensão máxima e total.

Mas é usual falar-se em aumentar a fé, fortalecê-la, vivificá-la. Não brigue contra sua descrença, não a imagine insuperável, mas tenha a simplicidade de aceitar que, em algum lugar, em algum momento, o milagre vai acontecer.

Os métodos que lhe dizem algo e que lhe fazem bem, estão aí à sua disposição.

MENTALIZAÇÃO QUE AJUDA SUA FÉ

O conflito e o desânimo se estabelecem quando você compara o tamanho da sua fé com o tamanho da sua doença. Dependendo do nome da doença, do grau de gravidade, do tempo que você a tem, da imagem que faz dela, poderá surgir diante de você como uma montanha imensa, avassaladora.

Sua oração e mentalização parecem pequeninas em face da dimensão desse monstro devorador da vida.

Precisa fazer alguma coisa para vencer essas imagens destruidoras.

A mente confunde imagem com realidade, por isso é essencial que arranje uma estratégia para vencer o tamanho e a ferocidade desse monstro.

Há uma briga de imagens neste momento: de um lado, a sua doença, com aquele nome assustador, mais as dores, mais o medo, mais as ponderações do médico, mais o negativismo de familiares e amigos, tudo piorado pelo agravamento do mal; de outro lado, seu desejo de cura, seus conhecimentos de que tudo tem solução, a verdade de Jesus que ensinou que a fé remove montanhas e cura toda enfermidade. A balança pende mais para o outro lado. E você fica com medo da piora e da inutilidade dos seus esforços. O medo é força negativa poderosa.

Temos que descobrir uma estratégia para reverter a situação. Não podemos deixar que o negativismo seja mais inteligente que nós.

Já descobri a solução.

Cada coisa adquire na mente a dimensão que lhe for dada. É uma verdade incontestável. Muito bem, então vamos agora começar a verificar o tamanho que tem o monstro da doença em você. Pode até, se quiser, encarnar a sua enfermidade num leão. Qual é o tamanho desse leão? Não importa. Pode ter o tamanho que tiver. O que importa é que agora você passa a diminuir mais e mais o tamanho da fera. O leão já está menor do que um gato. Diminua mais. Já é um ratinho inofensivo. Pode chegar, se quiser, à dimensão minúscula de uma pulga e você o pega na mão e sopra-o para que salte fora. Pronto, está liberto do seu mal. Simples. A estratégia funciona porque a imaginação é a força que mais poderosamente atua sobre a mente, que atua sobre o corpo.

Mas não basta expulsar a enfermidade.

É necessário criar a saúde.

Lembre-se que o poder não funciona se não tem sobre o que funcionar.

Visualize o órgão perfeito, saudável, regenerado, iluminado, cheio de vida, funcionando maravilhosamente. Mantenha firme essa imagem, fazendo dela sua verdade mental.

Como toda verdade mental transforma-se em verdade física, está aí a cura.

O QUE É A FÉ

Quando se fala em fé, surgem muitas definições, quase que uma para cada cabeça. Tornou-se um vocábulo comum e, neste caso, o sentido vai aos poucos se descaracterizando.

Fé é termo empregado para indicar a doutrina que

uma pessoa pratica. É também usado para determinar a prática da religião. Serve ainda para situar os que acreditam em Deus.

Segundo a Teologia, fé significa a adesão da mente às verdades reveladas por Deus e ensinadas pela bíblia. Essas verdades formam a doutrina que a pessoa professa e representam a religião que o indivíduo pratica.

Mas, a fé de que tratamos neste livro é outra coisa. Significa aquela força todo-poderosa que, no dizer de Jesus, remove montanhas, cura doenças, realiza milagres, tudo alcança e torna possível até mesmo o impossível.

Como definir essa força?

Como determinar seu conteúdo e sua essência? Consoante Jesus, fé é "crer firmemente na realização da sua palavra".

Por fé, o Mestre entende um ato mental definido e definitivo, através do qual a pessoa admite que sua palavra (oração, pedido, mentalização, desejo, projeto, meta) necessariamente produz o resultado do seu conteúdo.

Fé é acreditar que sua oração é infalível.

Fé é a certeza de que sua palavra produz irresistivelmente a realidade física que expressa.

Fé, portanto, existe quando não há distância mental entre o desejo e a sua realização.

Fé determina que a sua palavra criadora e a realidade são o verso e reverso da mesma coisa.

A expressão FIRMEMENTE reforça a necessidade de que a crença na realização da palavra não sofra nenhuma solução de continuidade. Qualquer dúvida ou hesitação rompe o circuito da energia criadora e curadora.

O apóstolo Paulo, na sua carta aos hebreus, definiu a fé da seguinte maneira: "A fé consiste na firme confiança daquilo que se espera e na convicção daquilo que não se vê".

Trata-se, portanto, da absoluta certeza de que alcançará o que está esperando conseguir. Por outras palavras, fé significa a convicção inarredável de que, mesmo que não veja no momento o resultado materialmente, assim é e assim será.

Há tradutores que comentam que Paulo escreveu que a "fé é a posse antecipada daquilo que se espera, um meio de demonstrar realidades que não se veem".

Fé é verdadeiramente a posse antecipada na mente daquilo que é desejado. Pela fé, o objetivo já está realizado na mente e, por estar empossado na mente, não poderá deixar de acontecer materialmente.

A substância da fé é a palavra acreditada; a forma é a materialização daquilo que a substância contém.

OS DOIS PONTOS BÁSICOS DA FÉ

Para que exista a fé, é indispensável que ocorra, antes de tudo, o pensamento criador. Este pode ser um desejo, um objetivo, uma vontade, uma meta, um ideal, um propósito.

Se não existir o ato criador mental, não existirá fé,

porque falta a essência, a razão de ser, a substância. Não acontecendo inicialmente a realidade mental, não pode haver posse antecipada. Não é possível alcançar o que não existe.

O primeiro fundamento da fé é a existência da realidade mental. A fé não pode funcionar se não tem sobre o que funcionar.

O ponto de partida pode ser a cura do estômago, pode ser um carro, uma qualidade desejada, uma casa, o casamento, a felicidade, uma viagem, assim por diante.

O segundo ponto essencial é a materialização da realidade mental.

Para que haja fé, é necessário que o resultado ocorra. A materialização da ideia é imprescindível.

Se não há efeito, não existiu fé. Esta exige fusão entre causa mental e efeito físico.

Se aconteceu apenas o ato mental, não houve fé. A fé concretiza.

A fé, como diz a bíblia, produz as obras. Se não aconteceu a obra, não houve fé.

Se uma pessoa, por exemplo, orou pedindo a cura do fígado e esta não aconteceu, não houve fé. Pela sua própria definição, fé é o pensamento realizado, materializado.

Realidade mental e realidade física são dois aspectos da essência da fé. Buscam-se necessariamente.

Para que tenha havido fé na sua oração ou mentalização - volto a insistir - é inquestionável que tenha ocorrido o resultado da oração ou da mentalização.

Só pelo objetivo alcançado é que se deduz que houve fé.

Se pediu e não recebeu - não houve fé.

Em que ponto falhou?

A falha pode situar-se numa destas causas:

Não acreditou que aconteceria. Voltou a fixar-se na doença.

Não desejou o resultado.

Cancelou o pedido.

Desinteressou-se pelo objetivo. Achou que era impossível alcançar.

Suas crenças, conceitos, teorias e teologias negam que você possa conseguir.

Seu negativismo é maior do que a certeza. Teme que não vai obter.

Hesita.

Supõe que não tem merecimento para tanto.

Acha que o pedido não é razoável ou está acima da sua capacidade de receber.

O Dr. Omar Souki relata este fato:

"Meu pai e um amigo seu submeteram-se ao mesmo tratamento alternativo para artrite. Tomaram um preparado feito com semente de sucupira. Meu pai curou-se totalmente e continuou a receitar o "santo" remédio para os outros. Seu amigo, porém, não percebeu diferença alguma após a utilização do preparado. As dores continuaram como de costume. Pergunto: Será coincidência que foi justamente quem mais acreditava no remédio que conseguiu os melhores resultados?" (Acorde! Viva Seu

Sonho).

Souki faz esta consideração:

“Só conseguimos aquilo que acreditamos possível. Transformações duradouras e milagrosas só ocorrem com aqueles que acreditam que têm fé”.

Lembre-se de que, quando você não atinge o resultado, não foi a fé que falhou, mas você é que falhou.

Por outro lado, nem pense que Deus possa falhar.

É o maior atestado de ignorância da sua parte. Você incorre nesse equívoco grosseiro quando tenta explicar da seguinte maneira:

- Foi Deus que não quis. Paciência.

- Deus não permitiu porque era prejudicial, mas Ele vai trocar por outra coisa melhor.

- Deus não concedeu porque tem motivos especiais para negá-lo.

Nada disso tem razão de ser. Não aconteceu simplesmente porque você fez falhar uma das premissas da fé. A falha é sua, reconheça e comece tudo de novo. Com mais fé.

Apele para a lei do “batei, batei, e abrir-se-vos-á”, ensinada pelo Mestre.

A sua insistência é uma forma de fortalecer a fé.

Persista.

Muita gente - devido ao fato de não alcançar o resultado - conclui que a fé não é essa maravilha que se diz. Outros mais dizem que a fé esbarra na vontade divina, que pode conceder ou recusar.

Deus rege o universo e a humanidade através de

Leis. Estabeleceu as Leis, pelas quais tudo acontece. Se você, por exemplo, usa a lei da eletricidade, terá energia elétrica. Não lhe passa pela cabeça que, cada vez que vai ligar uma lâmpada, deve orar a Deus para que ela acenda.

A Lei da fé é uma das Leis criadas por Deus para o uso da criatura humana. Colocando-se corretamente as premissas da Lei da fé, o resultado jamais pode falhar.

Se falhar a sua oração, ou mentalização, ou desejo, veja onde você falhou, porque a Lei não falha.

Com essa boa notícia, volte a acreditar que agora você vai conseguir.

Com certeza.

Capítulo 9

COMO A SUGESTÃO PODE CURAR

Se você vai ao médico, por certo lhe receitará remédios químicos para a cura dos seus males.

Aqui você encontra remédios mentais, porque a mente age sobre o corpo.

Dentre os caminhos mentais para a cura, destaco agora a sugestão.

Sugestão é o estado mental em que uma ideia é aceita pela mente subconsciente como verdade.

A fé é o processo que faz uma ideia ser aceita como verdade por ambas as dimensões da mente, ou seja, a mente consciente e subconsciente. A fé, pois, reúne o estado mental perfeito para a cura.

A sugestão faz a mensagem chegar unívoca apenas na mente subconsciente, mas é o bastante para que aconteça o resultado.

Mesmo que, no dia a dia, a mente consciente rejeite a ideia, pela sugestão ela é transmitida diretamente ao subconsciente. Considerando-se que tudo o que o subconsciente aceita como verdade, executa, aí está um caminho prático que funciona.

Muitos pensam que a sugestão é uma forma de enganar a mente e, por isso, os resultados serão fictícios e ilusórios. Não é verdade.

Concordo com Andersen, ao afirmar que, pela sugestão, o subconsciente não apenas aceita uma ideia como se fosse verdade, senão que tem a capacidade de torná-la uma verdade.

O reconhecido efeito dos placebos é uma prova de que a sugestão funciona.

A sugestão faz com que a ideia, a crença, a imagem, produzam a realidade do seu conteúdo, independentemente se ela corresponde ou não à realidade do produto.

Existe a sugestão natural, não-provocada. Por exemplo, você toma um remédio para a dor de barriga pensando que está tomando um sonífero e acaba tendo um sono perfeito; come gato por lebre, para usar a velha frase, e tem uma boa digestão; cura-se pela água milagrosa de Fátima, quando, por equívoco, tomou uma garrafa de água da torneira; assim por diante.

Tem aquela piada do psiquiatra que contava ao colega:

- É um caso estranho. A falta de memória fez o homem esquecer que sofre de insônia e então dorme a noite inteira.

A sugestão realmente afeta a biologia.

Li, certa vez, o caso de uma mulher que sofria de dupla personalidade. Na sua personalidade real, tinha diabetes; quando assumia a outra personalidade, não ficava nenhum traço dessa doença. Neste estado fazia-se exame de laboratório e não acusava mal nenhum, porque essa outra pessoa que ela assumia, não tinha doenças. Ao retornar à primeira personalidade, voltava a ter diabetes.

Para você notar a força da mente sobre o corpo, veja o fato ocorrido com uma mulher que sofria de leucemia. Certo dia, seu médico levou-lhe ao conhecimento que a Medicina tinha descoberto um remédio que curava a leucemia. Os jornais publicaram em manchetes o feito notável, citando o nome do remédio e tudo o mais. A mulher passou a tomar o remédio e ficou curada. Tempos depois, a imprensa contestava os efeitos do remédio, afirmando que não era verdade o que se afirmava sobre ele. A mulher recaiu na doença. O médico, vendo que ela era muito sugestionável, disse-lhe que agora havia um coquetel de remédios que, somado àquele outro, realmente produzia a cura. A mulher passou a tomar a nova droga e se sentiu muito bem, até que novas informações veiculadas na mídia negavam o efeito desse produto. Novamente a mulher caiu em desânimo e descambou tanto que algum tempo depois veio a falecer. Sugestão negativa provoca doenças.

Sugestão positiva de cura estimula o cérebro a liberar hormônios benéficos e ajuda a fortalecer o sistema imunológico, abrindo condições para a saúde. O cientista francês Emile Coué, que dedicou sua vida a curar as pessoas pela mente, assim descreve a sugestão:

"Pode-se definir a sugestão assim: a ação de impor uma ideia ao cérebro de outra pessoa. Esta ação existe realmente? Propriamente falando, não. A sugestão, com efeito, por si mesma não existe, ela não existe e não pode existir senão sob a condição "sine qua non" de se transformar, no indivíduo, em autossugestão. E esta palavra assim se define: Implantação de uma ideia em si mesmo por si mesmo. Podem sugerir alguma coisa a alguém; se o inconsciente deste não aceitou esta sugestão, se ele não a digeriu, por assim dizer, a fim de transformá-la em autossugestão, ela não produz nenhum efeito. Acontece-me algumas vezes sugerir qualquer coisa mais ou menos banal a pessoas ordinariamente muito obedientes, e a minha sugestão falhar. A razão disto é que o inconsciente destas pessoas se recusara a aceitar a minha sugestão e não a transformara em autossugestão. "(O Domínio De Si Mesmo Pela Autossugestão).

Mais adiante, Coué explica:

"Sugestionar-se conscientemente consiste nisso: primeiro meditar bem convenientemente sobre as coisas que devem ser objeto da autossugestão e, conforme esta responda sim ou não, repetir muitas vezes, sem pensar noutra coisa: Isto acontece ou isto não acontece; isto vai ser ou isto não vai ser, etc, etc., e, se ele se autossugestiona, veremos nisso as coisas se realizarem, ponto por ponto.

Assim entendida, a autossugestão não é outra coisa senão hipnotismo, tal como o compreendo e defino por estas simples palavras: influência da imaginação sobre o ser mental e o ser físico do homem".

Joseph Murphy fala, num de seus livros, de uma clínica em Tijuana, no México, dedicada à cura do câncer pelo Laetrile, remédio que segundo a Repartição de Alimentos e Drogas, e conforme depoimento de grandes especialistas, não tem nenhuma qualidade terapêutica - e, no entanto, há notícias de curas, quando falharam todos os outros tratamentos.

Considerou Murphy:

"Mesmo considerando que o remédio não tenha mesmo nenhum valor medicinal, se o paciente o usar acreditando piamente que vai ficar bom, isso desperta a química do seu corpo e mobiliza os poderes de cura do seu subconsciente". (Como Usar as Leis da Mente).

Murphy conclui suas reflexões citando Jesus:

"Vai e, como creste, te seja feito". (MT 8,13).

A SUGESTÃO E OS FATOS DA VIDA

No seu dia a dia, você se depara com acontecimentos que, de imediato, afetam a sua mente. São fatos agradáveis ou desagradáveis, impressionantes ou não, trágicos ou felizes.

Dois aspectos devem ser considerados: primeiro, o fato em si mesmo. Este fez parte da sua vida. Ocorreu.

Foi realidade física. Negar a existência é impossível. Segundo, o fato gerou uma realidade mental, que foi bem ou mal recebida pela mente consciente. Se gravou uma mensagem negativa, pode abater seu ânimo, deixá-lo insone, deprimi-lo, prejudicar sua saúde. Mas, se a mente ficou afetada positivamente, trouxe-lhe alegria, emoções felizes, gratas recordações.

O fato afetou a mente e atingiu o coração. Por outras palavras, o episódio chegou ao conhecimento, que o levou ao emocional.

A emoção pode ser apenas momentânea, sem consequências sobre o subconsciente. Mas, a repetição da emoção, grava a imagem e esta atua como sugestão que vai produzir os resultados correspondentes ao conteúdo interpretado e sentido pela pessoa.

Toda emoção ou sugestão negativa deve ser modificada, caso contrário afetará a saúde nefastamente.

Crie, neste caso, uma nova programação positiva, contrária, e introjete-a em si mesmo, pela autossugestão. A mensagem sensibilizará o subconsciente, que a tornará realidade física.

Uma nova sugestão produzirá uma nova realidade. Aí está o caminho.

A SUGESTÃO E O ESTADO DE COMA

A pessoa em coma está em estado subconsciente, portanto em estado de alta sugestibilidade.

Até mesmo o que os médicos conversam durante

a cirurgia, grava-se na mente subconsciente do enfermo. É bom que os cirurgiões saibam.

O Dr. Bernie Siegel escreveu o seguinte: "A sugestão atua nos níveis da inconsciência e da consciência. Devido a minhas experiências com pacientes inconscientes, há muito tempo acredito na capacidade de pessoas, em coma, adormecidas ou sob anestesia, ouvirem palavras que fazem sentido, e sempre parto do princípio de que qualquer coisa dita em sua presença pode afetá-las. Como OUVIR talvez seja o último sentido a nos abandonar antes de perdermos a consciência, não há nada absurdo na ideia de que muita gente, aparentemente insensível, possa ouvir." (Paz, Amor e Cura).

Continua, mais adiante, o Dr. Siegel: "O mesmo aplica-se nos pacientes em coma. A informação atua no nível inconsciente e, mais tarde, pode afetar o comportamento, as atitudes e a saúde. Um estudo comparativo interessante publicado em The Lancet indica que conversar e estimular, de qualquer outra forma, as pessoas em coma, pode chegar a constituir a diferença entre viver e morrer".

Os doutores Henry Benett, phd, e Elizabeth Disbrow, também entendem que "os pacientes cirúrgicos podem captar inconscientemente as conversas da sala de cirurgia, sendo afetados por elas pós-cirurgicamente. Cerca de vinte centros de pesquisa, a maioria na Europa, estão tentando determinar como, onde, quando e porque isso pode ocorrer". (Equilíbrio Mente/Corpo).

Já que isso acontece, nada melhor do que aproveitar o momento da cirurgia e da anestesia para sugerir afirmações positivas de sucesso operatório, coração forte, nada de hemorragia, ótima disposição, profundo bem-estar, autoconfiança, fé na cirurgia e no médico, fé em Deus, resultados perfeitos e maravilhosos, pressão normal, batimentos corretos, assim por diante.

Se o doente estiver em coma, no quarto do hospital, ou em casa, não fiquem os familiares a lamentar-se e a chorar diante do enfermo, porque o estão sugestionando negativamente. Também não digam que infelizmente não tem cura, que não passa desta noite, que os médicos já o desenganaram, que é terminal, que agora é providenciar o caixão e o enterro - porque tudo isso é sugestão.

Aproveitem os familiares e amigos para desejar a saúde, acreditar no restabelecimento, comentar a evolução positiva do quadro, contar casos semelhantes de pessoas que conseguiram curar-se. Falem da fé que remove montanhas, do poder curador divino, das orações que estão sendo feitas pela saúde. É preciso induzir a mente do moribundo a acreditar que está melhorando e a caminho da cura. A mente subconsciente aceitará as sugestões e tratará de efetuar a realização.

Lembro- me de ter falado a respeito desse assunto certa vez, numa Jornada sobre o Poder da Mente, e uma senhora, que tinha o marido em estado terminal, na UTI do hospital, entusiasmou-se com o que ouvira e foi ao hospital disposta a conversar com o marido em coma profundo. Os assistentes negaram-lhe permissão de entrar, até porque diziam que o paciente estava inconsciente e não tinha nenhuma possibilidade de ouvir suas palavras. De mais a mais, o homem estava à morte e nada o poderia salvar.

- Por isso mesmo - aproveitou a mulher - já que não tem salvação, permitam-me cumprir meu desejo, por favor.

Os responsáveis permitiram-lhe entrar na sala e ela foi direta ao marido, falando mais ou menos assim:

"Aqui sou eu, a sua mulher. Estou muito feliz, porque você está melhorando. Eu sei que você vai ficar bom, completamente bom. Tenho certeza. Os médicos estão confiantes. Deus está com você. Vamos lá, coragem! Tenho certeza de que você vai ganhar esta batalha. Vejo que você está cada dia melhor. Você é valente. Todos acreditamos em você. Precisamos de você. Queremos vê-lo forte e saudável. Confie em Deus. Tudo está dando certo."

Lá pelas tantas, o marido abriu os olhos e voltou a si. Dois meses depois, estava trabalhando normalmente, vivendo a vida de todos os dias.

Eis aí o poder da palavra.

A palavra é a grande força curadora. E a palavra pode estar carregada de sugestão em benefício de si e dos outros.

Um outro caso, esse bem estranho, que me contaram, foi o seguinte: a mãe jazia em coma, na cama, há vários anos, sem condições para nada. Era como morta-viva. As filhas tinham muita pena de ver a mãe assim, sem reação para nada, arrastando seus dias em longa enfermidade. Um dia, as filhas comentaram entre si: "Que pena que a mãe está assim há tanto tempo; por que será que não morre para descansar em paz?" De repente, a enferma abriu os olhos, coisa que não fazia há anos, e falou: "Bem que eu queria, mas minha hora ainda não chegou". Fechou os olhos e não abriu mais até o dia em que faleceu.

Lembro o caso de um garoto que sofreu grave acidente de bicicleta e lá ficou no hospital, em estado de coma, por vários dias, sem esperanças de salvação. Todos os familiares permaneciam desanimados com a situação irreversível do pequeno. Havia um tio muito folgazão, alegre, positivo, que, cada vez que ia visitar seu amiguinho, falava com ele como no seu dia a dia: "Ei, garotão valente, vamos lá, está na hora de sair dessa embrulhada. Não acredito que você vai se entregar. Logo você, cara bom de bola, cheio de energia, metido nessa cama feito boneco? Dá um jeito de sair dessa, está bem? Eu aposto em você. Já estou preparando uma pescaria daquelas para nós. Lembra-se daquela pescaria que só conseguimos pegar um único lambari e isso porque era cego, surdo, mudo e paralítico? Até colocamos de volta o bobinho, porque tínhamos a velha teoria de que quem tem um não tem nada, lembra-se?"

E o tio, cada vez que visitava o garoto, ficava brincando e conversando, como nos bons tempos.

Por incrível que pareça, o garoto ouvia tudo o que todos diziam, apenas estava em estado tão profundo que não conseguia falar e nem expressar gesto algum. As visitas do tio eram sua grande alegria, porque significavam que alguém acreditava na sua recuperação. Dias depois, o menino já estava em casa, em rápida convalescença.

A sugestão, que não é outra coisa que autossugestão, poderia chamar-se de fé natural, porque basta que se estabeleça a crença no subconsciente e este trata de transformá-la em realidade física.

SUA VIDA É SUA SUGESTÃO

O ser humano, na verdade, vive de crenças. Crença é uma verdade projetada na mente do indivíduo. Pode coincidir com a verdade real, como pode apenas significar um modo de pensar, sentir e ver.

Levando-se em consideração que toda verdade mental, seja correta ou não, produz, pela ação subconsciente, a realidade física, assim toda crença, que também pode ser chamada de autossugestão, tende a realizar-se na vida do ser humano.

Autossugestão de doença, gera a doença. Autossugestão de cura, produz a cura.

É claro que você prefere a saúde.

Elimine, desde já, crenças que fomentem a enfermidade e fortaleça, no seu dia a dia, as crenças que o conduzem à saúde perfeita.

Há muitas situações, na sua vida, encaradas por você como problemas, quando, na verdade, não passam de sugestão vivenciada.

Há também deficiências físicas que podem ser resultado de forte autossugestão.

Você, por certo, já viu apresentações de hipnotizadores, que fazem pessoas permanecerem sentadas na cadeira, sem nenhuma possibilidade de levantarem, enquanto sob o comando hipnótico.

Passando para o seu caso, será que você não é paralítico porque recebeu a sugestão forte do médico ou do especialista, reforçada pelos comentários das pessoas e pelas experiências dos outros, de que jamais poderá caminhar?

Lembre-se de que a autossugestão produz a realidade do seu conteúdo, seja ele qual for.

Acredite agora que você pode. Tudo pode. Pode caminhar, falar, ser feliz, bem-sucedido, rico, saudável, vigoroso, vitorioso, perfeito.

Disse Jesus: Tudo é possível àquele que crê.

A fé remove montanhas.

Capítulo 10

O PLACEBO TAMBÉM CURA

Se nós pudéssemos separar a mente do corpo, este seria apenas um conjunto de tecidos, fibras, músculos, sangue, órgãos, glândulas, nervos, pele, sais minerais, proteínas, átomos, coisas assim.

Acha você que um placebo poderia agir no corpo, se este fosse nada mais do que a descrição acima?

O que é placebo?

Placebo é um produto inócuo, aplicado ao paciente como se fosse medicamento de alta eficácia, destinado a alcançar o resultado para o qual é administrado. Por exemplo, fazer uma bolinha de pão e dá-la a alguém com fortes dores de cabeça, dizendo que é poderoso analgésico.

É fora de dúvida que os placebos produzem resultados admiráveis.

Há médicos que não veem no placebo outra coisa que um truque esperto para enganar o paciente.

- Uma pergunta: se existisse apenas o corpo, o placebo poderia funcionar?

- Não. Ainda que mal comparando, se ministrar um placebo a uma árvore, nada ocorrerá de especial.

O que faz o placebo produzir efeito é a mente que vivifica cada átomo do corpo.

O placebo realiza sua função quando a mente o aceita como mensagem curadora.

A chave da saúde, portanto, está em acionar as atitudes mentais positivas que agem sobre o corpo.

Não foi o químico do placebo que efetuou a cura, pois é, em si, ineficaz, mas a ideia de cura aplicada ao placebo.

O químico, ou remédio, somente cumpre seu objetivo curador quando a mente o aceitar como verdadeiro e eficiente.

TIPOS DE PLACEBO

O médico pode dar a você um chá comum, afirmando que é remédio de última geração, com todas as propriedades para curar seu fígado. É um placebo.

Seu vizinho pode oferecer-lhe um xarope qualquer, dizendo que tomou e ficou curado da vesícula e que você também ficará bom. Se você acreditar, o placebo será o veículo da cura. Na verdade, não foi o xarope que curou, mas a crença de que ficará curado ao beber aquela poção. Sempre há necessidade de que a mente aja no processo.

Muitos curandeiros oferecem o mesmo chá para a cura de todos os que os procuram. Alguns são curados, outros não. Depende da convicção que cada qual teve a respeito daquele produto. Influi muito a certeza que o próprio curador transmite sobre seu produto. A maior parte dos pacientes que descobrem que o mesmo remédio é receitado a pessoas com diferentes problemas de saúde, não obtêm nenhuma resposta positiva ao ingerir a poção, porque já não têm fé no produto.

Também poder-se-ia chamar de placebo o remédio equivocado que é feito para uma finalidade e o doente o toma pensando que o está ingerindo para outro fim.

Uma jovem contou-me que fora ao médico por causa de uma alergia e o doutor receitou-lhe pílulas para o problema. Sentiu-se melhor e deixou o remédio de lado. Tempos depois, a alergia voltou a manifestar-se e ela foi procurar os comprimidos. Acabou encontrando-os na gaveta da cômoda da avó.

- Vó - perguntou ela - o que é que o meu remédio está fazendo aí na sua gaveta?

- Eu pensava que eram as pílulas que tomo para o coração.

A avó tinha problema sério no coração, devia tomar certos comprimidos sem interrupção, sob pena de correr risco de vida. Há tempos tomava as pílulas da neta e sentia-se bem. Efeito placebo.

Quando você vai a um médium curador e ele faz um corte na pele, como cirurgia espiritual de cura do seu coração, o resultado depende da sua fé na ação do médium. Não havendo crença, não haverá cura.

Joseph Murphy conta a história de um senhor gravemente enfermo, às portas da morte, que foi visitado por um amigo que acabava de voltar da Terra Santa e que lhe entregou um pedacinho de madeira, dizendo que era um pedaço milagroso da cruz de Jesus. O enfermo ficou emocionado. Teve imensa fé de que esta relíquia o curaria e assim aconteceu, embora a madeirinha tivesse sido recolhida na rua.

Experiências demonstraram que uma pessoa pode curar uma enxaqueca impondo as mãos sobre a cabeça do paciente e visualizando forte energia de aquecimento. Outras experiências produziram o mesmo efeito curativo quando o curador impunha as mãos visualizando hipotermia, ou seja, redução da temperatura das mãos.

Escreveu Marilyn Fergusson:

"Não é uma simples mudança física, mas o estado mental a chave para a saúde".

Marilyn cita Rick Ingrasci, médico e co-fundador de uma rede na área de Boston, a Interface, que afirmou que o efeito de placebo oferece uma evidente prova de que **toda <u>cura é essencialmente autocura.</u>** (A Conspiração Aquariana).

A palavra de cura poderia ser considerada placebo?

O médico, por exemplo, diz que o doente está muito bem. Este acredita na informação e passa a sentir-se bem. Essas palavras não tiveram efeito-placebo?

O curandeiro fez gestos ritualísticos sobre o paciente e manda-o embora, dizendo que está curado. Se o indivíduo acreditou naquilo, sua mente envia mensagens ao subconsciente, que age sobre o corpo positivamente. Pode ser considerado placebo o ritual de cura?

Amigos visitam o doente e lhe afirmam, muito contentes, que ele está com bom aspecto, muito melhor do que no dia anterior, reagindo otimamente, curando-se a olhos vistos. O doente fica feliz e entusiasmado com a revelação, que estimula o cérebro a liberar endorfinas, fazendo o corpo reagir firmemente, além de fortalecer o sistema imunológico. É efeito-placebo?

Um livro que ensina a cura mental, um CD de mentalização de cura, podem chamar-se cientificamente de placebos?

Bernie Siegel escreveu que "os sentimentos são químicos e tanto podem matar como curar".

Siegel explica que, como médico, tem a responsabilidade de ajudar seus pacientes a usarem seus sentimentos para curarem-se. Embora entenda que os placebos sejam úteis, por despertarem expectativas positivas, ele acredita que sua reputação, sua competência, sua fé no paciente e nas perspectivas promissoras, também têm valor para conduzir o enfermo à saúde.

Siegel é categórico:

"Sempre lançarei mão de todos os instrumentos à minha disposição, pois qualquer cura é científica. Quando sou acusado de estar despertando falsas esperanças, minha resposta é que nenhuma esperança é falsa - só é falso não ter esperanças - pois não conhecemos o futuro de ninguém". (Paz, Amor e Cura).

Acho interessante dar, mais uma vez, a palavra ao Dr. Bernie:

"Existem aproximadamente sessenta tipos de moléculas de peptídeos no corpo, inclusive algumas cujos nomes podem ser familiares para você, como endorfinas, interleucinas e interferon. Elas transformam os sentimentos em química e fazem ligação entre psique e soma. Atualmente, considera-se que as endorfinas, por exemplo, podem explicar o efeito-placebo". (Idem).

Em vista disso, a grande questão médica é a seguinte: se o placebo leva o corpo a reagir positivamente e produzir saúde, por que não se encontra um meio de chegar à fonte da cura e acionar diretamente o processo da cura?

Creio que o caminho está aberto: a cura é a ação mental que processa reação orgânica correspondente. Quer você acione a mente através de remédios, cirurgias, placebos, ou diretamente, pela palavra determinante - o resultado será o mesmo.

A palavra curadora, expressada pela oração, pela mentalização, ou pelo brado cheio de fé, é o caminho mais sábio, mais superior, mais evoluído e mais direto da cura.

Como, porém, geralmente a palavra está poluída com descrenças, medos, negativismos, inseguranças, dúvidas, desconhecimentos, é de bom senso utilizar os métodos medicinais que existem à disposição, como clínicas, médicos, hospitais, remédios, fisioterapias, aparelhagens e equipamentos. Afinal, tudo o que pode ajudar você a recuperar a saúde, é conveniente que use. Deus nos deu inteligência para sabermos usá-la de todas as formas positivas e benéficas.

Capítulo 11

A CURA PELA IMAGINAÇÃO

A imaginação é a mais divina das qualidades.

A criação do mundo e do ser humano foi resultado da imaginação de Deus:

"Façamos o homem à nossa imagem e semelhança".

Segundo a parábola da criação do mundo, Deus tomou de si a imagem da qual fez a criatura humana.

A imagem sempre antecede a realidade.

O grande sábio da bíblia, Salomão, já dizia há milhares de anos:

"Porque, assim como imaginou na sua alma, assim é".

Inúmeros estudiosos reconheceram o poder criador da imaginação.

Joseph Murphy, por exemplo, escreveu:

"Você se transforma naquilo que imagina ser".

O grande conquistador Napoleão Bonaparte, afirmou:

"A imaginação governa o mundo".

Também o famoso cientista Albert Einstein comentou, certa vez, que "a imaginação é mais importante que o conhecimento." Ele tinha razão, porque a imaginação é a origem das descobertas, dos inventos e dos avanços científicos. Por sinal, Thomas Alva Edison, considerado um dos maiores inventores, quando perguntado qual a fórmula usada para conseguir tantos inventos, respondeu:

"É que eu não penso em palavras, penso em imagens".

Diz a velha sabedoria hindu que vale mais um quadro do que mil palavras.

Gostei desta colocação de Joseph Murphy:

"A coisa mais maravilhosa que se deve saber, é a seguinte: imagine o fim desejado, sinta-o real e, então, o princípio infinito da vida responderá à sua escolha consciente, ao seu pedido consciente". (O Poder do Subconsciente).

A imaginação é o método mais poderoso para sensibilizar o subconsciente.

Não se pode deixar de usar a imaginação também para a cura da enfermidade.

Já ouviu falar de Pigmaleão, personagem da mitologia grega?

A história conta que Pigmaleão era escultor e talhou na pedra uma estátua de mulher, tão perfeita, tão real, que dela se enamorou. Apaixonado pela linda estátua, esperava dia após dia, semana após semana, que a estátua ganhasse vida. Seu grande sonho era um dia poder casar com sua própria criação. Era um sonho forte, irresistível, que a cada dia o deixava mais esperançoso. Os deuses se compadeceram de Pigmaleão e, admirados de sua forte crença, deram vida à estátua, que se transformou numa formosa mulher encantadora.

Contei essa história mitológica apenas para ilustrar a força da imaginação. Seu desejo intenso de ver seu órgão curado, perfeito, saudável, acabará sensibilizando seu subconsciente.

COMO ATUA A IMAGINAÇÃO

Sabe-se que a mente subconsciente não distingue entre imagem e realidade. Apanha a imagem e a transforma em realidade.

Para o subconsciente, imagem e realidade representam a mesma coisa. Se você criar a imagem do seu órgão em perfeita saúde, o subconsciente tratará de materializar a impressão recebida.

O uso da imaginação para a cura é o melhor método, porque o subconsciente recebe a informação acabada, colocada aqui e agora, para a ação imediata da materialização.

A ordem transmitida através de palavras, pode eventualmente confundir o subconsciente, impedindo-o de agir. Por exemplo, se você mentaliza assim: “Eu vou ficar curado", o subconsciente não sabe se você quer ficar curado agora ou em qualquer época futura. Toda ordem bem emitida ao subconsciente deve conter o fato já consumado ou em andamento.

Por palavras, você pode mentalizar corretamente, desta maneira, a cura do fígado: "Meu fígado está perfeito, funcionando na justa e reta ordem divina". Seu subconsciente recebeu o projeto perfeito, bem-sucedido e, desde logo, sabe o que fazer. Já existe a "materialização mental", que se transformará em "materialização física".

Se você descreve, através de uma conversa, o projeto da construção da sua casa, o construtor não saberá exatamente o que fazer e nem quando fazer. Se, porém, você dá a ele o projeto da casa pronta, acabada, e determina que seja realizada agora, o construtor vai agir de imediato para tornar realidade física sua realidade mental.

Se você está doente e mentaliza "Eu sou saudável, forte, perfeito, cheio de energias", não está mentindo, mas mandando um projeto acabado e bem-sucedido sobre o qual o subconsciente trabalhará desde já. Você não colocou o seu desejo no tempo futuro, mas no presente, e isto significa ação imediata.

Outra maneira mais "ligth" para aqueles que têm dificuldade de entender que a realidade física é antecedida pela realidade mental, é colocar a ação no particípio presente, ou gerúndio, como dizem alguns. Passando para troco miúdo, a mesma mentalização acima seria feita desta maneira: "Eu estou me tornando saudável, forte, perfeito, cheio de energia". Muitos se sentem melhores com essa maneira de pensar. Se bem que existe um ditado tradicional que expressa uma verdade aceita pela ciência do Poder da Mente: "Até uma mentira repetida muitas vezes se torna verdade". Eu não gosto da palavra mentira, mesmo no bom sentido, porque carrega, em seu bojo, ideia de falsidade. Ao passo que aqui significa nova programação mental.

Praticamente todos os livros e cursos, que trabalham com a mente, usam o sistema de mentalização por imagens, tamanha é a eficiência do método.

A imaginação é muito mais poderosa do que a força de vontade, para a qual todos fomos educados. A força de vontade exige empenho, enquanto que a imaginação não requer esforço, muito pelo contrário. Pela imaginação você simplesmente vê mentalmente o resultado, sem luta mental e sem conflito. Se a inteligência quiser intervir, opondo-lhe ideias conflitantes, negativismos e descrenças, só o que tem a fazer é manter a imaginação naquilo que você está mentalizando. O que é preciso, isto sim, é a convicção de que se trata de uma verdade científica. Mesmo que não saiba porque assim acontece, você sabe que acontece. Isso é o mais importante. Cultive a fé simples da criança.

Andersen escreveu sabiamente:

"Qualquer imagem formada em nossa mente se concretiza no mundo material. É algo que não podemos evitar". (O Poder da Energia Mental).

Numa outra passagem do seu livro, ele acentuou:

"Todas as coisas chegam até nós de acordo com a imagem que formamos em nossa mente".

Para você ter uma ideia da convicção de Andersen, veja o que ele afirmou:

"Você pode vir a ser o que quiser se confiar em sua imaginação".

Emile Coué, o cientista mental que se dedicou a curar pela mente, através da imaginação e sugestão, falecido na França em 1926, fez a seguinte ponderação:

"Se abrirmos o dicionário e procurarmos saber o sentido da palavra vontade, encontraremos esta definição: "Faculdade de praticar ou não, livremente, algum ato". Foi aceita esta definição como verdadeira, irrepreensível. Mas não pode haver maior engano, pois esta vontade, que reivindicamos com tanta altivez, cede sempre o passo à imaginação. É uma regra absoluta que não padece de exceção alguma. E, para se convencerem, abram os olhos, olhem em torno de si e saibam compreender aquilo que veem. E hão de ver, então, que o que lhes digo não é uma teoria aérea, produzida por um cérebro doente, mas a simples expressão daquilo que realmente é. Consideremos uma pessoa atacada de insônia. Se ela não faz esforços para dormir, ficará sossegada no leito. Se, ao contrário, QUER dormir, quanto mais se esforça, mais agitada fica". (O Domínio de Si Mesmo Pela Autossugestão) .

A IMAGINAÇÃO NA CURA

Chamou-me a atenção o que escreveu o Dr. Gerald Epstein:

"Minha experiência clínica dos últimos quinze anos dá um testemunho não só do efeito da mente sobre o corpo, mas também do poder das imagens mentais na ajuda à cura do corpo. Entre as doenças, nas quais tenho sido bem-sucedido em ajudar meus pacientes a tratar com imagens mentais, estão a artrite reumatoide, aumento da próstata, cisto ovariano, carcinoma inflamatório na mama, erupções cutâneas, hemorroidas e conjuntivite. Um amigo meu fez uso das imagens mentais para se curar do câncer do fígado. Os médicos lhe disseram, em 1982, que havia pouca esperança para o seu caso, mesmo submetendo-se ao tratamento de quimioterapia prescrito. Ele decidiu usar técnicas de imagens junto à quimioterapia, por dois anos, e, depois de 1984, suspendeu a quimioterapia, mas continuou com seu trabalho de imagens. Hoje ele é ainda o único sobrevivente conhecido deste tipo de condição, registrado no Sloan-Kettering Memorial Cancer Center, em Nova York". (Imagens Que Curam).

O único caso que Freud resolveu curar por imagens, foi bem-sucedido. Numa única sessão curou um garoto de 14 anos que sofria de um tique nervoso.

Qualquer imagem que você usar para a cura, mesmo que não esteja de acordo com a anatomia e a fisiologia, é correta. Se, por exemplo, há uma hemorragia e você cria a imagem infantil de que está amarrando a artéria para não sair mais sangue, o subconsciente tomará essa imagem e cumprirá seu significado.

A melhor imagem é aquela que você considera ser melhor imagem para você. Desculpe a repetição das palavras. É para reforçar a ideia.

Não é necessário que faça longa história imaginativa. Segundo Gerald Epstein, a regra geral da terapia por imagens é a de que menos é mais, ou seja, quanto mais curta a imagem, mais poderosa ela é. Basta usar de um a cinco minutos para cada mentalização e fazê-la diversas vezes ao dia.

O Dr. Bernie Siegel recomenda a visualização durante 15 minutos. Quanto mais você repetir a imagem, e mais tempo permanecer na mente, mais próximo estará do resultado desejado.

Recorde que a imagem deve expressar a cura no presente e não no passado e nem no futuro. Quanto mais você se situar no passado ou no futuro, mais distante estará do campo de ação.

A imaginação conduz a operação mental para o lado direito do cérebro, o lado da interiorização, da criatividade, do poder e da sabedoria.

O lado esquerdo do cérebro é mais analítico, racional, e pode prejudicar a sua fé e o estado mental imaginativo.

Ao usar a imaginação, já está tomando o melhor caminho. Mas não é necessário pesquisar como e porque este método funciona. Ele funciona, e pronto. Existem até dois periódicos científicos que se dedicam à pesquisa sobre as imagens: "The Joumal of Mental lmagery", da Marquette University, e "lmagination, Cognition and Personality", da Yale University.

EFEITOS CURADORES DA IMAGINAÇÃO

Segundo pesquisas médicas, como aquela do Dr. Nicholas Hall, do Centro Médico George Washington, as imagens mentais de cura produzem o aumento do número de glóbulos brancos e os níveis de timosina-alfa- 1, hormônio especialmente importante para os leucócitos auxiliares T. A timosina-alfa-1 também contribui para a sensação de ideias de bem-estar, o que demonstra que o sistema imunológico mexe com nosso estado de espírito e vice-versa. (Amor, Medicina e Milagre).

O Dr. Bernie Siegel conta o caso interessante da cura de um garoto, chamado Glen, que sofria de tumor cerebral. Para o médico dele, era inútil fazer exames e tratamentos, de modo que o mandou para casa, para morrer. Os pais, então, o levaram ao centro de biofeedbak da Clínica Mayo, onde um membro do centro conversava com ele uma vez por semana. Foi sugerida ao menino a técnica de imagens. Embora o garoto se mostrasse renitente no início, acabou se empolgando com a ideia de espaçonaves voando - como num videogame - dentro de sua cabeça, bombardeando o tumor. O menino imaginava o câncer "grande, mudo e escuro" e metralhava-o com firmeza.

Passados alguns meses - conta Siegel - o pequeno disse ao pai:

- Eu fiz uma viagem pela minha cabeça, num foguete, e não consigo mais encontrar o câncer.

O pai respondeu: - Que ótimo!

Mas, o médico nem sequer aconselhou a fazer novos exames, que seria desperdiçar dinheiro, já que o tumor era incurável.

Mas o menino já se sentia bem e voltou para a escola, onde, um dia, levou um tombo.

O médico logo comentou:

- Eu falei! A queda deve ter sido causada pelo tumor.

Nessa altura - continua Siegel - a família resolveu submeter o filho a novos exames e o tumor tinha desaparecido. (Amor, Medicina e Milagre).

Os Simonton, que se dedicaram à pesquisa e ao uso do método imaginativo, foram os pioneiros a ajudar um canceroso a servir-se do processo curativo pela imagem, em 1971. O homem sofria de um câncer avançado na laringe e, durante a terapia radiológica, ele visualizou o tratamento e os glóbulos brancos de maneira positiva e, em consequência, não sentiu os efeitos colaterais do tratamento. Para espanto dos médicos, o câncer desaparecera.

Louise Hay ensina que a visualização segue três etapas:

1) Uma imagem do problema, dor ou doença, ou da área afetada do organismo.

2) Uma imagem de uma força positiva eliminando o problema.
3) Uma imagem do corpo sendo restaurado até chegar à saúde perfeita e depois avançando pela vida com desenvoltura e energia.

Ela explica que a melhor imagem é aquela que agrada a criança que existe em você; e diz que não é necessário saber tecnicamente como a parte específica do corpo se parece ou funciona. A imagem de um bicho-papão que come células doentes pode servir para alguém. Quando ela teve câncer, usou a imagem de águas frescas e claras que corriam pelo seu corpo arrastando detritos consigo.

Louise ensina que o sistema imunológico pode ser visto como um exército protegendo a pessoa, ou como uma equipe de limpeza, ou jardineiros extraindo ervas daninhas, ou qualquer outra imagem mais significativa para a pessoa. (A Vida Em Perigo).

JESUS TAMBÉM ENSINOU O MÉTODO DA IMAGINAÇÃO

Também o Mestre ensinou que o método de cura pela imaginação faz parte do processo de cura pela fé.

Disse ele: "Ao orardes, crede que tendes alcançado, e alcançareis".

Crer como alcançado só é possível pela imaginação.

Como poderá você crer que já conseguiu, sem visualizar a realidade consumada?

Quase toda a mensagem do Mestre é entremeada de imagens, exemplos e parábolas, porque ele conhecia a força que exercem.

Muitas curas Jesus realizou usando imagens acreditadas pelo enfermo. Por exemplo, quando curou o garoto epiléptico, usou imagem que tinha a ver com a crença do enfermo e do pai:

"Espírito mudo e surdo, eu te ordeno: Sai dele e não tornes a entrar nele".

USE O MÉTODO DA CURA PELA IMAGINAÇÃO

Você pode usar qualquer método imaginativo que queira.

Posso sugerir-lhe o que segue.

Coloque-se numa posição bem confortável, em ambiente tranquilo e silencioso, inundado, se for o caso, por uma música suave.

Acalme a mente e o coração, respirando paz de espírito.

Percorra o seu corpo, acalmando e relaxando cada parte, principalmente as mais agitadas.

Imagine que está descendo por uma escada doirada para dentro de si até chegar na dimensão mais íntima e profunda do seu ser.

Imagine a cena em que, no seu gabinete interno, tomado de luz curadora divina e cósmica, você está se impregnando dessa energia milagrosa.

Pode, se quiser, imaginar Deus, ou Jesus, impondo as mãos sobre você, dando-lhe o facho de Luz Curadora.

De posse da luz e do poder de cura, você percorre o corpo, elogiando o funcionamento geral e recomendando mais energia, mais força, mais vitalidade e saúde.

Agora você chega à parte afetada, doente. Examina a situação, acalma o órgão agitado, e comece a irradiar a intensa luz curadora do facho, que, sob seus olhos mentais, expulsa os vírus e micróbios e processa a maravilhosa regeneração.

Neste momento, você visualiza seu órgão perfeito, saudável, vigoroso, funcionando na justa e reta ordem divina.

Assim é e assim será.

Permaneça um pouco nessa verdade a fim de sensibilizar o seu subconsciente. A ação deste, orientado pela imagem consciente, faz a cura.

Agradeça e retorne ao seu estado natural, subindo, alegre e feliz, pela escada doirada imaginária.

Capítulo 12

MÉDICO - O HOMEM DA CURA

Eles, os médicos, estudam durante muitos anos, e continuam sempre se aperfeiçoando, a fim de conhecer e empregar os melhores e mais sofisticados métodos para a cura de seus pacientes.

A saúde, no mundo de hoje, está diretamente ligada ao médico.

Sua missão é extraordinariamente nobre, humana, essencial, simpática e positiva.

À medida que a humanidade avança, são inventados aparatos e equipamentos cada vez mais preciosos e minuciosos, capazes de identificar e diagnosticar problemas no corpo humano. São fantásticos coadjuvantes do médico.

Diante de tantos e tão maravilhosos aparelhos, o médico corre o risco de mecanizar seu próprio atendimento. Sim, porque ele entende que a tecnologia tem melhores condições de descobrir e avaliar problemas orgânicos. Mas os aparelhos jamais substituirão o médico.

É importante que o médico se conscientize dessa verdade, caso contrário diminuirá cada vez mais seu contato pessoal com o paciente.

Pode chegar ao ponto do que teria acontecido com aquele psiquiatra que levou seu cliente a uma salinha, ligou o gravador, e mandou o paciente gravar tudo o que sentia, enquanto ele iria fazer outro trabalho urgente. Instantes depois, o cliente retirava-se para ir embora, quando foi interpelado pelo médico:

- Já gravou tudo que tinha que falar?

- Não, mas deixei o meu gravador conversando com o seu, lá na salinha.

O QUE REPRESENTA O MÉDICO PARA O PACIENTE

Quando o doente escolhe um médico - está acreditando que vai curá-lo. Deposita fé naquele doutor. Sente empatia com o médico. Ele não está se ligando tanto nas aparelhagens, mas na pessoa do médico. O doente não está consultando um aparelho, e sim o médico que lhe inspirou confiança.

Hipócrates já reconhecia que a conduta do médico é tão poderosa quanto um remédio.

Eu acredito que o médico é mais poderoso que qualquer remédio.

O fato de o paciente ver o médico, estar diante dele, ouvir a sua palavra e ser examinado, é para ele um poderoso placebo, ou seja, é insubstituível potencializador de cura.

O ritual de medir pressão, auscultar o peito, tocar e examinar a parte afetada, exerce forte dose de fé no doente.

Como o indivíduo não é mera máquina com alguma peça deteriorada, a palavra do médico tem muita importância, por isso tinha razão o Dr. Bernie Siegel quando dizia que procura incutir em seus pacientes esperança e amor, fosse qual fosse o diagnóstico.

Escreveu Siegel, num de seus livros:

"Eu costumava sentar-me em meu consultório perguntando-me por que dispendia todas aquelas horas com gente que tinha doenças incuráveis. Mas algumas delas curavam-se e escreviam-me cartas dizendo: "Obrigado por ter-me dado a opção de sobreviver. Foi o que fiz". Agora é fácil para mim apresentar essa opção aos outros, a pessoas com aids, câncer, diabetes, doenças cardíacas, lupus, esclerose múltipla e esclerose lateral amiotrófica. Não importa que doença seja, sempre há espaço para a esperança. Não vou morrer por causa de estatísticas. Espero que você também não". (Paz, Amor e Cura).

A verdade é que nenhum médico, em nenhum momento, pode ter certeza de que o paciente vai morrer hoje ou amanhã, porque, mesmo que a Medicina e seus recursos, nada mais tenham a fazer, um simples placebo ou a fé poderosa do enfermo podem mudar o quadro e acontecer o milagre.

A própria receita prescrita pelo médico exerce efeito muito forte no paciente que, no mais das vezes, vê naquele papel o passaporte da cura.

O remédio receitado é curador, não tanto por suas propriedades terapêuticas, quanto pela fé do indivíduo no médico e no produto.

COMO AGIRÁ O MÉDICO

É preciso que o médico não veja somente a doença, mas principalmente a pessoa doente. Diante dele não está apenas a doença nua e crua, mas um ser humano, que acredita nele e o vê como arauto da cura.

Existe aquela piada, em que uma mulher afixou na porta do seu quarto de hospital: "Perigo! Ser humano aqui dentro".

Há pessoas que querem comportar-se como seres humanos e não como doentes. Enchem as paredes do quarto com pôsteres de artistas, ídolos do futebol, mensagens, fotos de familiares, coisas assim.

Bernie Siegel escreveu que "os médicos, que persistem em achar que podem curar a doença sem cuidar da pessoa, podem ser excelentes técnicos, mas são médicos incompletos, pois têm um entendimento incompleto da enfermidade". (Paz, Amor e Cura).

Tempos atrás, estava lendo o livro Conceitos Espirituais das Artes de Curar. Lá pelas tantas, o autor, Dennis Chernin, assinalou:

"Nosso treinamento médico tradicional, com toda

a sofisticação oferecida pela tecnologia moderna, tem-nos ajudado a entender anatomia, fisiologia, bioquímica e patologia. Contudo, faz-se necessário expandir este conhecimento para melhor compreender as influências aparentemente sutis, subjacentes à fisioquímica do corpo, e que orquestram a integração do ser humano. O desejo de mesclar o treinamento científico com o que só pode ser sentido de forma intuitiva e instintiva, levou à pesquisa de sistemas filosóficos alternativos. Temos estudado sistemas de cuidados de saúde, tanto modernos quanto antigos, que facilitam a compreensão de que corpo, mente e espírito são interdependentes".

Janet Quinn considera que "a Medicina moderna impede o processo de cura ao fomentar a ideia de separação entre mente-corpo-espírito". (Conceitos Espirituais das Artes de Curar).

Ela conclui que a Medicina moderna faz algumas coisas muito bem, mas não faz o suficiente.

Como a criatura humana é um universo maravilhoso e grandioso e complexo, chamado mente-corpo-espírito-coração, o estudo da psicologia da vida e das reações humanas à ação médica e ao processo da cura, é de imenso valor.

Com certeza, os médicos já sabem que sua presença, suas palavras, sua receita e os remédios recomendados, têm incontestável influência no cliente, porquanto esses fatores agem poderosamente no todo do ser humano.

O médico, consciente desses efeitos-placebo, procura sensibilizar as emoções positivas e otimistas do enfermo. Essa mensagem repercute no cérebro, que passa a provocar alterações bioquímicas intensas, processando-se, não raro, mobilização das forças de reserva do organismo.

No Brasil, o atendimento público nem sempre permite a ação humana e psicológica do médico, devido ao minúsculo espaço de tempo reservado a cada consulta. Pelo menos, o pouco que se possa fazer, é bom fazer. É por isso que se diz que a Medicina é uma espécie de sacerdócio.

Nos atendimentos particulares, sobra mais tempo e, então, o médico pode plenificar seu poder de incutir fé, esperança e ânimo ao consulente.

NA CIRURGIA

Talvez mais do que nunca, o paciente que vai se submeter à cirurgia necessita de ânimo, esperança e muita fé nos resultados.

O cirurgião precisa criar confiança, certeza, segurança, no paciente. O medo sempre bate à porta de quem vai ser operado, por menor que seja a intervenção cirúrgica.

Ao criar empatia e simpatia, o cirurgião acalma os nervos e elimina os medos do paciente.

Quero contar dois fatos narrados pelo Dr. Bernie Siegel.

O primeiro é de um homem alto, forte, chamado

Jake, que ia ser operado. Quando estava a caminho da sala de cirurgia, para intervenção no cérebro, ao encontrar seu cirurgião, no corredor, estendeu-lhe a mão para cumprimentá-lo e o cirurgião negou-se, escondendo a mão. O homem pensou que o médico estivesse apenas protegendo a mão, e pediu-lhe, então, que a passasse na cabeça, mas o cirurgião recusou-se, alegando que estavam se atrasando e que precisavam entrar de imediato na sala da cirurgia. Jake não gostou da atitude e reagiu: "Não vou deixar esse homem tocar em mim. Se ele não pode apertar minha mão, nem fazer um carinho na minha cabeça, não vou deixá-lo mexer no meu cérebro".

O outro caso refere-se à maneira como o Dr. Bernie Siegel age nas cirurgias:

"Depois que meus pacientes estão relaxados, dou-lhes instruções para desviarem o sangue da região da cirurgia, para que não sangrem; digo-lhes que, quando acordarem, vão sentir-se confortáveis, com sede, com fome, e que não terão dificuldades para esvaziar os intestinos; e envio-lhes todas as outras mensagens que parecem apropriadas à sua situação em particular. Quando o anestesista diz: "Você tem que sair agora", falo de sair para uma reunião, para que a imagem se torne algo positivo. Fico ali de pé, segurando as mãos de meus pacientes, preparando-os delicadamente para a anestesia; com música e palavras suaves. Depois, alguns deles chegaram a perguntar se eu os operava com uma mão só, porque ficaram com a impressão de que eu continuava segurando as mãos deles depois que dormiram. Continuo conversando com eles durante toda a operação, contando como as coisas estão indo e pedindo a sua cooperação, quando necessário. Por exemplo: posso sugerir que parem de sangrar ou que reduzam a pressão sanguínea ou o pulso. As pessoas, que já trabalharam comigo na sala de cirurgia, sabem o quanto essas sugestões podem ser eficazes. Um dia, quando estava me preparando para sair, depois de terminar uma operação, o anestesista destacou várias folhas de eletrocardiograma e me disse: "Ei, Bernie, arrume isso aqui". Eu olhei e vi que o paciente, ainda sob anestesia, estava tendo uma arritmia e, por isso, murmurei ao seu ouvido: "Você está num pêndulo. Para cima e para baixo, num ritmo regular, firme e suave. Para cima e para baixo, lento e firme." E seu cardiograma voltou ao ritmo normal. Muitas vezes, quando o pulso de um paciente fica muito rápido, durante uma operação, digo simplesmente: "Gostaríamos que seu pulso fosse de 86." Sempre escolho um número específico, pois quero que todos vejam o pulso caindo para aquele número exato. Como consegue? Repito mais uma vez, ainda não entendemos como o corpo transforma sugestões curativas em realidade. Mas algo no corpo ouve essas mensagens e sabe responder a elas - só precisamos enviá-las a nossos pacientes (e a nós mesmos). Faz dez anos que comecei a usar essas técnicas na sala de cirurgia, para mostrar o quanto poderiam ser eficazes. As primeiras reações de meus colegas foram negativas, pois as pessoas não gostam de fazer mudanças. Reagem como viciados aos quais se pede que abandonem o vício. Mas as enfermeiras começaram a notar a diferença nos pacientes e passaram adar apoio a mim e ao meu trabalho". (Paz, Amor e Cura).

Um artigo do The Lancet revelou que as sugestões positivas, feitas na sala de cirurgia, levam o paciente a ter menos desconforto pós-operatório, assim como a receber alta mais cedo.

Também foi observada a importância de fazer sugestões positivas nas visitas pré-operatórias, de preferência no dia anterior à cirurgia e, depois, reforçá-las durante a operação.

Certa vez, um famoso cirurgião me contou que, antes das suas cirurgias, se concentrava e mentalizava, pedindo que Jesus emprestasse suas mãos para que ele pudesse fazer ótima intervenção cirúrgica. Observou-me ele: "Nunca mais morreu um paciente nas minhas mãos".

SAÚDE, FELICIDADE E SUCESSOS

O médico lida com o ser humano no momento difícil da enfermidade. Sua paciência, capacidade, interesse e disponibilidade, fazem dele uma pessoa benemérita, mesmo sabendo-se que recebe paga para assim agir.

Seu trabalho é solidário e, não raro, leva-o ao sacrifício, quando a situação grave o exige.

É desejável que o médico evite o estresse, para que seu bom humor e sua energia positiva possam ser forte fator de cura.

Descanse, relaxe, espaireça, cultive a mente e o espírito. Então, mesmo nas horas de atropelo, conseguirá manter a calma e a boa vontade.

E lembre-se: em qualquer circunstância, a vida é uma festa.

PODER DA MENTE DISPENSA MÉDICO?

Muitos me perguntam: "Você, que escreve e fala sobre o Poder da Mente, vai a médico? Toma remédios?"

Sendo necessário, é claro que vou a médico e tomo remédios, pois eles estão aí para ajudar na cura. São as pessoas mais indicadas no sentido de orientar, estimular, oferecer subsídios e condições medicinais para a recuperação da saúde.

Não tenha nenhum preconceito contra os médicos, porque eles têm a inteligência ligada na Inteligência Divina para ajudar as pessoas a recuperarem a saúde o mais rapidamente possível.

Sirva-se de tudo o que a Medicina tem a oferecer-lhe e que você considere útil e necessário.

Os médicos existem para ajudar você a refazer a saúde. Na verdade, quem refaz a saúde é você. A cura é obra do seu ser.

Diz o velho e repetido ditado que "o médico trata da ferida, mas quem cura é Deus", ou seja, é o poder curador e regenerador existente na própria pessoa.

A Medicina remove os obstáculos e cria as melhores condições para que a pessoa se cure.

Se fossem os médicos e os remédios que curassem, bastaria aplicar os métodos medicinais e o doente, necessariamente, seria curado. Mas esta não é a lógica dos fatos.

A saúde é um processo interno; tanto é verdade que até um placebo pode produzir o efeito de um remédio verdadeiro. O resultado não foi produzido pelo remédio - que não existiu - mas pela imaginação ou pela fé da pessoa.

A Medicina é fundamental para a saúde e continuará sendo por muito tempo.

Sempre que você for ao médico, acredite nele e no efeito curador do remédio. Use a crença e a sugestão em seu benefício, em função da cura.

Recorde o que escreveu o apóstolo Tiago, na carta aos hebreus:

"E a oração da fé curará o enfermo".

A fé, para a maioria das pessoas, está no médico e nos remédios.

Que sigam por esse caminho.

Isso não compromete o que escreveu Candace Pert, pesquisador do Instituto Nacional de Saúde Mental, da Inglaterra:

"As pessoas possuem em si mesmas a droga para a cura de todas as doenças".

E concluiu:

"Mas é preciso perceber que temos poder sobre nossa saúde, pois é a mente quem cura o corpo".

Seja inteligente: some os conhecimentos do médico, as propriedades terapêuticas dos remédios, com a mentalização e oração da cura. Seu médico ficará contente com sua importante colaboração para a cura.

Capítulo 13

CURAS ESPIRITUAIS

Praticamente, não há criatura humana que, em determinado momento da vida, não se tenha voltado para Deus em busca de saúde.

Você sempre encontrará pessoas que acreditam na cura espiritual e a praticam.

De modo especial, na hora do impossível, acho que todos se voltam para o milagre. A busca do milagre é a busca de Deus, do Infinito, da Divindade.

Quase todos concordam que o Poder Infinito, que criou a vida, é o Poder que a pode restaurar.

Escreveu Yogue Ramacharaca "A cura espiritual é a forma mais alta de cura." (A Ciência da Cura Psíquica).

O método de cura espiritual se baseia na religião, na oração, na fé cristã, na invocação divina, nos ensinamentos de Cristo, na bíblia, nos livros sagrados, no misticismo, na energia dos lugares de aparições.

O simples fato de não se ter esgotado essa tradição, através dos tempos, e nem ter-se tornado obsoleta ao longo da evolução da humanidade, já lhe confere respeitabilidade.

Baseado no amor, na misericórdia, na generosidade e na bondade divina, o indivíduo recorre a Deus, pedindo a cura.

Todos acreditam nas palavras do Cristo: "O que é impossível aos homens é possível a Deus".

Na hora de desesperança, Deus é a tábua de salvação.

Quando os recursos humanos encerram a sua parte, sobra o milagre de Deus.

Quando a Medicina fecha a porta, você pode bater à porta de Deus.

A IGREJA E A CURA

Houve tempo em que se estabeleceu debate na Igreja sobre as curas espirituais. Uns diziam que Jesus curou, durante sua caminhada terrena, apenas para provar, através do milagre, que era Deus; outros afirmavam que a cura se destinava às primeiras comunidades cristãs para firmar na fé os cristãos; outros mais, entendiam que, com a evolução da Medicina, pertencia a esta a missão de curar e não mais à Igreja.

Lá pelos anos 400 da nossa era, viveu um dos maiores luzeiros do cristianismo, o grande escritor, pensador, filósofo e teólogo santo Agostinho de Hipona.

Nos seus primeiros escritos, ele dizia que a cura cessara na Igreja e não era mais necessária. Posteriormente, no entanto, mudou seu modo de pensar, até porque teve oportunidade de apreciar, na sua própria diocese, cerca de 70 milagres comprovados, ocorridos no espaço de dois anos. No ano 427, três anos antes de sua morte, lançou seu livro Retratações, em que retirava, entre outras coisas, a afirmação de que o milagre era coisa do passado, e relatou curas milagrosas que ele presenciara e que foram o bastante para que mudasse de ideia.

O final do evangelho de Marcos dá a entender que a cura é um carisma perene da Igreja de Jesus: "Ide ao mundo inteiro; proclamai a Boa Nova a toda criatura. Eis os sinais que acompanharão os que tiverem fé: em meu nome expulsarão demônios, falarão línguas novas, suspenderão serpentes e, se beberem algo mortífero, não lhes fará mal; porão as mãos sobre os doentes e eles serão curados".(Me 16,15-18).

O apóstolo Tiago escreveu, na sua carta aos hebreus: "Há, entre vós, algum enfermo? Chamem os presbíteros da Igreja, e orem sobre ele, ungindo-o com óleo, em nome do Senhor. E a oração da fé curará o doente e o Senhor lhe dará alívio".

A CURA É CARISMA DA IGREJA

Desde que me conheço como gente, nunca vi a nossa Igreja dar grande importância ao carisma da cura, tão recomendado por Jesus, talvez devido ao progresso da Medicina, que ocupou este espaço. Acontece que a Medicina transita apenas no universo da cura física e mental, sobrando para a Religião o campo da cura espiritual. Se a Igreja não preencher essa dimensão, ficará um vácuo inadmissível.

Ao longo das minhas vivências, percebi que existe até um certo medo, por parte de autoridades eclesiásticas de que sacerdotes exerçam esse carisma. Não sei bem se é porque não vejam como dom da Igreja, ou porque não acreditem que funcione ou pelo receio de que as curas possam subir à cabeça de algum presbítero. É verdade que o povo acorre em busca da cura, principalmente os pobres e os desenganados. Isso é natural, mas deixa o bispo em estado de alerta, para evitar exageros, às vezes interferindo, e assim sufocando o exercício da cura. Lembro de ter lido, num livro do Pe. Emiliano Tardif, um dos primeiros líderes do Movimento Carismático, que ele foi transferido duas ou três vezes de paróquia, porque chegava a reunir quarenta mil pessoas nas missas de cura.

Se a cura é um carisma da Igreja de Jesus - e é - o verdadeiro espírito cristão dos superiores deve incentivar a que se pratique esse ato de compaixão para com o povo. E não o contrário.

Desde meus tempos de criança, frequentei a igreja assiduamente. Meus pais eram muito religiosos e me faziam ir à igreja todas as noites participar do terço e da bênção e, aos domingos, tinha que assistir sempre duas missas. Sem falar das catequeses e dos grupos de Ação

Católica a que pertencia. Pois bem, que me lembre, só era dada uma bênção de cura, ao ano, no dia de São Braz, para proteção contra os males da garganta. No mais, as pregações reforçavam a crença de que o sofrimento era desejável e meritório e que a doença servia para a conversão e para maior união com o Cristo pregado na cruz.

Hoje o carisma da cura floresce na Igreja.

Em todas as missas que celebro, termino dando a bênção da saúde.

Muitos são os sacerdotes, hoje em dia, que distribuem esse dom entre o povo. Graças a Deus.

A MEDICINA ACEITA A CURA ESPIRITUAL

A maioria dos médicos, se não todos, já se deparou com casos de pacientes terminais, desenganados, que se curaram de maneira admirável. Esses episódios são verdadeiros murros na medicina dogmática, ciosa de si. Para o médico atento, que acompanhou a situação do enfermo, a cura só poderia ter acontecido como resultado das orações e da fé do doente e dos familiares.

Houve cientistas que se interessaram em pesquisar sobre os efeitos da oração na cura dos pacientes.

Em 1988, o cardiologista Dr. Randolph Byrd dividiu em dois grupos, no computador, os 393 pacientes da unidade de cuidados coronários do Hospital Geral de San Francisco, EUA. No primeiro, ficaram os doentes por quem grupos de oração iriam rezar; no segundo, os que não seriam lembrados em preces. Ninguém sabia a que grupo cada paciente pertencia. Os grupos de oração receberam apenas os nomes próprios das pessoas pelas quais iriam orar. Cada nome era acompanhado de uma breve descrição de seus problemas de saúde. Era-lhes solicitado que rezassem todos os dias, até o paciente receber alta do hospital. Não lhes foi dada nenhuma instrução de como rezar e o que rezar.

Quando o estudo ficou concluído, dez meses mais tarde, aqueles que receberam orações estavam em melhores condições de saúde, em comparação com o outro grupo: a probabilidade de receberem antibióticos era 5 vezes menor; corriam duas vezes menos risco de sofrer insuficiência cardíaca congestiva; estavam menos expostos a paradas cardíacas. (Healing Words).

O Dr. William Nolen, que havia escrito um livro pondo em causa a validade das curas pela fé, reconheceu: "Se se trata de um estudo válido, nós, médicos, deveríamos passar a escrever em nossas receitas: "Reze três vezes por dia. Se a coisa dá certo, dá, e pronto".

Larry Dossey, autor de Healing Words, teceu o seguinte comentário: "O Dr. Herber Benson, da Faculdade de Medicina de Harward, foi um dos primeiros pesquisadores médicos a estudar os benefícios da oração e da meditação para a saúde. Descobriu que, entre os cristãos e os judeus que rezavam com regularidade, os católicos usavam frases como: "Senhor Jesus Cristo, tem piedade de mim"; os judeus usavam a saudação de paz "Shalom" e os protestantes escolhiam, não raro, a primeira linha do Pai Nosso ou a abertura do salmo 23. Para ele, esses “mantras” eram igualmente eficazes no estímulo de alterações fisiológicas salutares do corpo - aquilo a que chamou de “reação de relaxamento”. Também descobriu uma relação entre exercício físico e oração. Ensinou corredores a meditarem enquanto corriam e verificou que seus corpos se tornavam mais eficientes. A pesquisa demonstrou não só que as orações fazem bem ao corpo, mas que nossos métodos de oração divergem enormemente. Prescrever um modo específico de rezar pode desenraizar as pessoas do processo de oração e provocar o abandono dessa prática”.

Há médicos que, diante da situação terminal irreversível do paciente, exclamam: “Agora, só Deus pode curar”.

Outros respondem à indagação dos familiares, dizendo: “Só por um milagre”.

Os médicos admitem, mesmo que seja para levantar o ânimo do enfermo e dos familiares, que, além do que pode a Medicina, existe um outro Poder capaz do milagre.

Os que não aceitam essa hipótese, não raro caem do cavalo, como diz o gaúcho. O doente curou-se contra toda a expectativa. Deu um chega pra lá no prognóstico médico e hoje está mais sadio que nunca.

Lembro o caso de uma moça desenganada, que o médico não deu mais que dois meses de vida.

- Estou rezando para Deus me curar - respondeu-lhe a jovem.

- Deus nunca estudou Medicina - brincou o doutor.

- Por isso mesmo é que confio nele. Se tivesse estudado, talvez a resposta dele fosse igual à sua.

- Acha você que ele vai lhe passar uma receita milagrosa?

- Acho. E já me passou. Chama-se fé.

- Por via das dúvidas - sorriu o médico - encomende o caixão.

A moça não se abalou com as brincadeiras do médico e prosseguiu nas orações e mentalizações a Deus, pedindo a cura, e visualizando-se perfeita, saudável, fazendo as suas atividades normalmente.

Numa de suas consultas periódicas, agora já mais animada e forte, o médico reconheceu: "Olha, não sei o que aconteceu, mas você está curada".

A moça rebateu, bem-humorada:

- E agora, doutor, o que é que eu faço com o caixão que o senhor me mandou encomendar?

Renée Weber, em seu livro Aspectos Espirituais das Artes de Curar, escreveu:

"Esses profissionais da Medicina estão de acordo em que existe uma dimensão espiritual na cura. Eles utilizam as técnicas da Medicina da melhor maneira possível, bem como o bom senso, mas percebem a existência de profundas correntes que fluem à medida que se restabelecem as energias vitais do paciente, juntamente com o bem-estar psicológico. Alguns veem os mais ocultos níveis de profundidade do paciente como a fonte da cura espiritual, enquanto outros atribuem a Deus. Em ambos os casos, compartilham a orientação de incluir a espiritualidade no processo de cura".

O Dr. Alexis Carrel, médico, filósofo, escritor, conta o caso de uma úlcera cancerosa que secou e virou cicatriz diante de seus olhos. Relata ainda ter visto lesões de ferimentos ficarem curadas em poucos segundos, pelo efeito da oração.

COMO SE PROCESSA A CURA ESPIRITUAL

Nas curas espirituais reconhece-se que Deus é o autor direto da cura.

Parte-se do princípio de que Deus tudo pode e, por isso mesmo, pode curar a enfermidade.

Se, para Deus, nada é impossível, recorre-se a ele, principalmente nos casos desesperadores.

A oração é o mais usado método de contato com Deus, para pedir-lhe a saúde.

É imensa a literatura que ensina a cura pela invocação divina.

Theodósia Dewitt Schobert escreveu:

"Não há moléstias incuráveis. Com Deus, todas as coisas são possíveis e todas as coisas são possíveis para aquele que crê". (Remédios Divinos).

Theodósia ensina, em seu livro, que a oração é a melhor maneira de se atingir a necessária união com a Mente-de-Deus.

E recomenda: "Não busque Deus fora de si".

A fé absoluta de que Deus pode curar, e vai curar,

é o princípio da cura.

Como diz a bíblia, a fé, sendo fé, sempre produz os resultados. E, nas curas espirituais, a fé reside na certeza de que Deus intervirá pessoalmente, ou por meio de Nossa Senhora, ou de seus santos e anjos.

Para o espiritualista, quem cura é Deus diretamente. Os sacerdotes, pastores, guias espirituais, pessoas religiosas, curandeiros, místicos, orações, hinos, peregrinações, romarias, sacrifícios, novenas, jejuns, promessas, velas acesas, relíquias de santos, são instrumentos dos quais Deus se serve para curar. Os ministros espirituais não só são instrumentos, como conscientemente se consideram instrumentos de Deus e para Deus.

EQUÍVOCOS

Existe uma certa crença cristã de que a cura acontece a critério da Divindade. Se Deus quer curar, cura; se não quer, não cura.

Outra crença diz que, para ser curado por Deus, deve ter merecimentos, arrependimento, praticar o catolicismo ou tal denominação cristã.

A resignação gera a crença de que a cura ocorre se for da vontade de Deus.

Para complicar mais o problema, há a crença de que a doença é punição divina. Deus só retirará a punição, trazendo saúde, se considerar a pessoa transformada e purificada.

É A FÉ QUE CURA

A crença de que é Deus quem cura, é justa e sábia.

O que não é nada sábio é pretender que Deus vem agir pessoalmente, em audiência especial ao enfermo, para assinar o decreto da cura.

Embora muitos crentes não estejam conscientizados, a maneira pela qual Deus opera nos seres humanos é através de Leis universais e infalíveis, que se autocumprem quando as premissas são corretamente colocadas.

A Lei mais espiritual, que leva a marca divina, chama-se FÉ.

A fé é a causa maior de todos os milagres.

Jesus sempre assinalou que a fé cura: "Vai-te em paz, a tua fé te curou". Outras vezes, dizia o Mestre: "Seja feito conforme tua fé".

A fé é a condição essencial do orante. Pedir e acreditar - eis os ingredientes da cura. Deus é a resposta.

Você já viu alguma cura espiritual sem haver fé? Deus se manifesta através da fé.

Definindo:

"Fé é crer firmemente na realização da sua palavra". Foi isso que Jesus ensinou.

Fé, portanto, é acreditar que sua oração é infalível.

É a certeza de que Deus está ouvindo e atendendo sua prece.

Mesmo que o doente não tenha fé nesse momento, continue orando, peregrinando, pedindo, porque há muitas chances de que, a qualquer instante, exploda a fé.

A cura de uma pessoa ao lado, o testemunho de alguém que foi curado milagrosamente, a emoção de uma cerimônia ou ritual de cura, a fé dos familiares e amigos, são alguns dos fatores que podem desencadear a fé no enfermo. Nunca desanimar, mesmo que o paciente seja mais descrente do que uma mula de pedra. Toda hora é hora de conversão, de mudança de ideia.

Às vezes, causa espanto que um indivíduo, tido e havido como incrédulo e não praticante da religião, tenha alcançado uma cura milagrosa. Não é nada de assombrar, pois a fé pode ser desencadeada num momento excitante de devoção, de emoção, de ligação íntima com Deus.

Às vezes, é mais fácil estabelecer-se a fé num incréu, que se vê derrubado do cavalo instantaneamente, como aconteceu com São Paulo, do que num cristão morno, que age por tradição, não raro bloqueado por crenças negativas a respeito de Deus e da ação divina.

Até mesmo um equívoco, ou superstição, ou mentira piedosa, pode produzir fé numa pessoa. Por exemplo, se você pega na sua casa uma garrafinha de água milagrosa da fonte de Lourdes e leva ao doente, fazendo-lhe crer na força curadora daquela água, a fé do enfermo produzirá a cura. Só que, mais tarde, ao chegar em casa, você percebeu que tinha levado a garrafa errada, que nada mais continha do que a água comum, que era usada para beber, no dia a dia.

O milagre é resultado do estado interior da pessoa.

O objeto religioso, ou o ritual, ajudam enquanto

ativam a fé.

COMO DEUS AGE NA CURA

Há pessoas que são categóricas: "Eu não peço nada, nem cura, nem milagre. Deixo nas mãos de Deus".

Não pede nada por quê?

Pensando bem, você tem obrigação de pedir a cura, porque a doença é um mal e a saúde é um bem.

Não pedir a saúde é um ato de desconsideração para com seu corpo e para com a vida.

Existe um velho ditado que diz: "Ajuda-te que te ajudarei".

Ajude-se. Faça o que lhe for possível. O resto sim é com Deus.

Se você nada faz para si, por que Deus deve fazê-lo?

Deus não atua em você por iniciativa própria, pois, nesse caso, lhe estaria tirando o dom maior que lhe deu: a liberdade.

O grande sábio da Igreja, o famoso Santo Agostinho, disse, certa vez:

"Deus que te criou sem precisar de ti, não poderá salvar-te sem ti".

Na verdade, Deus poderia fazer e acontecer a seu bel-prazer, mas estabeleceu Leis. A ação divina, portanto, se manifesta como resposta ao uso das Leis que regem a vida humana.

A Lei do Pedi e Recebereis, ensinada por Jesus,

atesta claramente que Deus é a resposta do pedir. Sem o pedir, não haverá o receber.

Jesus não ensinou o seguinte: "Peça, mas Deus vai agir como quiser, pois é dono de todos os seres criados".

O Mestre, na sua sabedoria transcendental, afirmou: "Pedi e recebereis, porque todo aquele que pede, recebe." Esta é a Lei.

Também não avisou Jesus que o pedir é livre, mas o receber depende da santidade, da religião que professa, da igreja que frequenta, dos dogmas que pratica, dos merecimentos, das missas que participa.

"Todo aquele que pede, recebe". Pedir é essencial. O milagre resulta da atitude mental e espiritual desejosa da cura.

Deus, que está em você, só age em você através de você. Ele é a resposta. Não pode haver resposta se não há pergunta ou pedido.

VOCÊ EM COMUNHÃO COM DEUS

Agostinho de Hipona, mestre da Igreja, luzeiro do cristianismo, que viveu por volta dos anos 400 da nossa era, disse, um dia:

"Eis que habitáveis dentro de mim e eu, lá fora, a procurar-vos; por conseguinte, meu Deus, eu não existiria, eu jamais existiria se não estivésseis em mim".

Numa outra ocasião, afirmou Agostinho:

"Deus é mais interior ao homem do que o próprio homem".

Conhecemos duas facetas de Deus: a transcendência, que é a presença divina no universo; e a imanência, que significa sua presença no interior do ser humano.

Se Deus é imanente na criatura humana, a feliz conclusão é que cada pessoa é una com Deus. Como Deus determinou que agirá no homem através do homem, essa verdade se constitui na maravilha das maravilhas, porque expressa que toda e qualquer pessoa tem o poder de Deus.

O apóstolo Paulo escreveu:

"Somos da espécie divina. Nele somos, nos movemos e existimos".

Essa comunhão com Deus comprova o poder de cura que você tem. Não há enfermidade, por mais grave que seja, que possa resistir a esse poder curador. O milagre é apenas uma questão de fé.

O melhor e maior argumento para o milagre da cura é o conhecimento de que Deus habita o âmago do seu ser e sempre responde ao seu pedido.

O que você quer, Deus quer. Foi assim que ele predispôs. Poderia ter determinado diferente, mas quis assim, para nossa alegria.

Se a cura não acontece, apesar das suas orações, veja onde você está falhando, porque Deus é sempre a sua resposta. Desde já, lhe aviso que está falhando na fé. Esta ainda não alcançou o tamanho de um grão de mostarda. Mas, não desanime, que você chegará lá.

TRÊS TIPOS DE ORAÇÃO DE CURA

A palavra é a maneira pela qual você entra em contato com Deus e obtém a resposta desejada.

A sua palavra expressa a lei do "Pedi e Recebereis", ensinada pelo Mestre.

A sua palavra interior é a sua oração. Há três maneiras de orar:

1) Entrando em contato com Deus, pelo pensamento, e expressando o que você quer ou precisa dizer. Como a palavra realiza o conteúdo do seu significado, esta é a melhor maneira de rezar. Você está entabulando um diálogo inteligente com Deus.

2) Outra maneira, bastante comum, de orar, é usando fórmulas e orações já existentes. Muita gente tem o hábito de rezar orações tradicionais, como ave-maria e Pai Nosso, que vão repetindo até cansar. Neste caso, a oração é como a embalagem divina através da qual as pessoas entram em contato com Deus. Acreditam que, por esse meio, chegam ao Pai para que atenda o que estão desejando intimamente. Por exemplo, rezam um ou dois terços para que Deus lhes alcance a cura de tais doenças. A oração do terço, em si, não expressa o pedido, mas o pedido é feito por meio dessa oração. Em alguns, a oração repetitiva serve para criar estado introspectivo e profundo. Nessa interiorização, abre-se, por assim dizer, a porta do gabinete divino e Deus toma ciência da necessidade e da solicitação.

3) O terceiro método é a meditação. Você acalma a men-

te, relaxa, mergulha no Infinito, entra em estado de oração e medita a sua cura. Imagina Deus, ou Cristo, ou o Espírito Santo, ou Nossa Senhora, chegando a você e curando-o.

A melhor maneira de orar ou de pedir a saúde é aquela que você mais aprecia, que mais acende sua fé e que mais toca seu íntimo.

O famoso guru oriental Bhagwan Shree Rajneesh conta esta pequena história:

Certa vez, Moisés estava andando e passou por um homem que orava. Mas a oração era tão absurda (não só absurda, como chegava a ser insultante), que Moisés teve que parar. O homem tinha uma atitude completamente contrária às leis. Seria melhor não orar do que fazê-lo daquela maneira. Dizia coisas impossíveis de se acreditar. Dizia: "Deixa que eu me aproxime de Você, meu Deus, e prometo que lavarei Suas roupas quando estiverem sujas. Se houver piolhos, eu os tirarei... Sou ótimo sapateiro e Lhe farei bons sapatos. Seus sapatos são tão velhos, estão sujos, absolutamente imundos. Ninguém cuida de Você, meu Senhor, eu cuidarei. Quando estiver doente, eu Lhe trarei remédios. E também sou ótimo cozinheiro". O homem fazia esta oração! Moisés gritou: "Pare com essa bobagem! O que é que você está dizendo? Com quem pensa que está falando? Com Deus? E por acaso Ele tem piolhos no corpo? As suas roupas estão sujas? Ninguém cuida Dele e você se oferece para cozinhar? Onde aprendeu essa oração?" O homem respondeu: "Não aprendi em nenhum lugar. Sou muito pobre, não tenho nenhuma educação e não sei orar. Esta eu inventei e falo das coisas que sei fazer. Os piolhos me incomodam muito, por isso achei que Ele pudesse ter o mesmo problema. Às vezes a comida não é boa - minha mulher é péssima cozinheira - e meu estômago dói. Ele também pode estar sofrendo. São apenas minhas experiências que se transformaram em oração. Mas se o senhor souber como é a maneira certa, por favor, ensine-me". Moisés ensinou-lhe como orar. O homem ajoelhou-se diante dele, de seus olhos saíram lágrimas de gratidão; agradeceu e foi embora. Moisés sentiu-se feliz. Achou que acabara de realizar uma grande ação. Olhou para o céu, buscando a aprovação de Deus. E Ele estava zangadíssimo! Disse:

"Moisés, Eu enviei você para que aproximasse as pessoas de Mim, mas acabo de perder um de meus maiores adoradores. Com certeza ele agora está orando como você lhe ensinou, mas de modo algum estará fazendo uma oração - porque orações nada têm a ver com leis. É amor. O amor é uma lei em si mesmo, não precisa de mais nada". (Palavras de Fogo).

OBJETOS E RITUAIS DE CURA

Todo indivíduo se dá muito bem com os rituais de cura. O abstrato não emociona e não incita tanto como o que é visto e sentido.

Claro que a cura é resultado da fé, mas esta pode ser acionada por uma bênção especial, por imposição de mãos, por uma água energizada espiritualmente, por segurar na mão um terço trazido de um santuário famoso, por manter consigo um objeto vindo da Terra Santa, assim por diante.

Tocar uma relíquia tem sido motivo de forte emoção. Vi mães me trazerem bolachinhas para que eu abençoasse. As bolachinhas abençoadas tinham a finalidade de fazer o filhinho deixar de comer terra. Outras pessoas traziam água para eu benzer, a pedido de algum doente.

Ao invés de ridicularizar a crença, nada melhor do que fortalecer a fé que faz desses objetos ou alimentos o veículo da cura.

Tenho repetido um sábio ditado que diz: "O médico trata da ferida, mas quem cura é Deus".

O significado da expressão pode ser tanto científico quanto espiritual.

No caso espiritual, Deus é o autor da vida, da saúde, do bem-estar e, por isso, por meio dele restabelece-se a vida plenamente, a saúde total.

Na parte científica, aquela frase indica que a cura é resultado da ação curadora mental. Tanto é verdade que de nada adianta um médico encher de comprimidos e injeções um cadáver. Nada modificará. Falta a vida, que é a expressão mental e espiritual.

Se você tomar, por exemplo, dez pessoas da mesma idade, nas mesmas condições orgânicas, que sofrem de gastrite, na mesma gravidade, e der a elas o mesmo tratamento médico, o resultado será diferente para cada uma, porque cada qual age e reage de forma diferente.

A saúde já existe na pessoa. É mister que seja desencadeada. A mente de cada indivíduo é expressada por seus medos, expectativas, crenças, fé, desânimo, vontade, alegria, paz de espírito, ansiedade, negativismo, conhecimentos, ignorância, assim por diante.

A oração da resignação com a doença, acreditando que é vontade divina, fará efeito diverso da oração de fé na cura.

A prece que comunga com o sofrimento, como se fosse ato meritório para a expiação dos pecados e purificação, não está conduzida para a cura e sim para a realização de tal crença.

PEÇA A CURA

Você só não merece aquilo que não pede.

Concentre-se na oração da cura, acreditando firmemente que a saúde agrada a Deus e é o caminho do bem total.

A doença é um mal, que deve ser eliminado, para que se manifeste o filho de Deus perfeito, que você é.

Jesus exclamou, certa vez: "Vim para que tenhais vida e a tenhais em abundância". Vida abundante é saúde perfeita.

Você, e o Deus que habita seu íntimo, são a força todo-poderosa contra a qual não há enfermidade que resista.

Perdoe o passado que causou a doença. Passado é passado.

Modifique os padrões de pensamentos, de sentimentos e de crenças, criando um mundo positivo e harmonioso em sua mente.

Acredite na cura. Tudo tem solução.

Só não há cura para aqueles que nela não acreditam.

Também não há cura para os que não querem a saúde.

Seja sábio: peça a cura total. Você pode. Acredite.

O Pai Celestial habita seu íntimo. Ele quer sua perfeição física e mental.

Quando você reza o Pai Nosso, entenda que a afirmação de Jesus "Seja feita a vossa vontade assim na terra como céu" significa uma forte oração de cura.

A frase do Pai Nosso quer dizer o seguinte: Pai meu, que a vossa vontade, que é a saúde, a perfeição, se faça em mim, que estou imperfeito, ou seja, doente. E se faça tanto na terra, o corpo, quanto no céu, a mente.

AJA COMO SE ESTIVESSE CURADO

Você sabe que a oração produz a realidade do seu conteúdo. É a forma como Deus age em suas criaturas.

Não permita que sua oração de cura seja dominada por crenças de medo, de impossibilidade, de incurabilidade, de insucesso, pois estará anulando a ação divina e a força do milagre.

Mesmo que sua fé seja vacilante, aja como se tivesse fé, e a fé lhe será dada.

Leia novamente o capítulo da fé, para fortalecer sua oração de cura.

Lembre-se de que nenhum dos que foram curados por Deus é mais amado por ele do que você.

Deus é amor. O AMOR não guarda o passado, perdoa, é misericordioso, generoso, bondoso.

O AMOR INFINITO quer vê-lo saudável e feliz.

Em frente, pois.

Confie.

MENTALIZAÇÃO DA CURA ESPIRITUAL

Coloque-se numa posição confortável, relaxe o corpo e sinta-se bem.

Respire calmamente diversas vezes, imaginando a energia divina entrando no seu corpo e saindo a energia deteriorada. Se achar melhor, imagine a Luz Curadora entrando no corpo e saindo a escuridão sem vida.

Feche os olhos, para facilitar a concentração.

Diga mentalmente: Vou contar de sete a um e, à medida que for descendo, estarei entrando num nível espiritual mais profundo, em contato mais íntimo com Deus, (com o Cristo, com o Espírito Santo).

Sete - (imagine-se descendo os degraus do seu íntimo).

Seis - (ultrapassou a superfície e tem o caminho aberto em direção ao seu secreto, onde habita o Pai, (Deus, Cristo, Espírito Santo).

Cinco - (descendo a um nível interior mais pro- . fundo, mais perfeito, mais saudável, mais inteligente e mais espiritual).

Quatro - (chegando à fronteira do celestial).

Três - (às portas do secreto, onde habita Deus).

Dois - (em contato com Deus).

Um - (conversando sobre o seu problema com Deus. Pedindo a cura).

Sinta-se bem calmo, alegre, confiante.

Concentre-se na parte do seu corpo necessitada e irradie luz azul que alivia as dores. E relaxe.

Concentre-se em todo corpo e visualize-o iluminado intensamente de uma luz branca de energia vital.

Imagine sua mente límpida, positiva, confiante.

Imagine seu coração afetivo cheio de amor. Perdoe o passado.

Peça mentalmente a Deus para que toque com sua mão divina curadora seu órgão doente e o corpo todo. Deus está atendendo você, porque ele ama você.

Agora Deus está irradiando poderosa luz curadora sobre todo seu corpo. Esta energia refaz, aperfeiçoa e cura.

Visualize seu corpo todo iluminado e curado. Permaneça quanto tempo quiser neste estado espiritual.

Agradeça.

Conte de um a sete para retornar ao seu nível mental natural, agradecendo a cura a cada número que contar.

Assim é e assim será. Acredite.

Disse Deus: "Ao invocar-me, eu ouvirei e atenderei". (Sl.90)

Capítulo 14

ACABE COM O ESTRESSE PARA O BEM DA SUA SAÚDE

A palavra estresse surgiu por volta de 1920, como resultado de estudos e pesquisas de Hans Selye. Ele era um químico-orgânico de origem austro-húngara, porém mais conhecido como canadense, por trabalhar em Montreal, na Universidade Me Gill.

Selye realizou pesquisas com animais de laboratório, colocando-os sob situações hostis, das quais não tinham condições de se defender. Isto gerava danosas alterações orgânicas, como esgotamento de algumas glândulas, prostração, mesmo que aparentemente não se registrassem efeitos físicos.

Estudos com seres humanos também evidenciaram que acontecimentos estressantes produziam alterações bioquímicas, com enfraquecimento do sistema imunológico.

A evolução das pesquisas concluiu que situações estressantes têm relação com o aparecimento de muita doenças.

Houve até pesquisadores que elaboraram escalas para quantificar e qualificar os elementos estressantes. Há, por exemplo, a Escala de Avaliação e Readaptação Social, de Holmes e Rahe. Pertencentes à Washington School of Medicine, eles listaram alguns fatores estressantes, atribuindo-lhes, com razoável grau de exatidão, valores de escala, como, por exemplo, a morte do cônjuge, divórcio, demissão do trabalho, separação judicial, aposentadoria, acidente ou doença, mudança de residência, situação econômica, gravidez, casamento, assim por diante.

Hipócrates, pioneiro da Medicina ocidental, que viveu no século quarto antes de Cristo, dizia que saúde significa equilíbrio harmonioso entre a mente, o corpo e o ambiente.

O estresse é resultado de ações, reações e tensões continuadas, que não permitem a necessária distensão e o reequilíbrio do organismo.

Imagine a tensão de uma corda sustentando fortemente determinado peso. Se, depois de certo tempo, não voltar ao seu estado normal, romper-se-á. A corda, em si, foi feita para atender situações de tensão, o que não pode é permanecer tanto tempo nessa situação a ponto de ultrapassar seu limite de resistência. O estresse é estado de rompimento.

No ser humano, a tensão faz parte da vida. É a

maneira fisiológica pela qual o organismo se prepara, diante de casos especiais, para a fuga ou para a luta. É o instinto de sobrevivência, de defesa e de superação.

Há estudiosos que dizem que há o estresse bom, positivo, chamado de eustresse, e o estresse negativo, denominado distresse. Prefiro simplicar dizendo que boa ou má é a tensão, ao passo que estresse já é fase perniciosa, é a tensão levada à exaustão.

Diante de uma situação de forte exigência para o corpo, podem ocorrer três estágios:

Primeiro: reação de alarme. O cérebro transmite sinal de fuga ou ataque.

Segundo: reação de resistência. O organismo reage para sobrepujar o perigo.

Terceiro: situação de estresse ou exaustão.

O que deve suceder normalmente é que, passada a situação de perigo, o cérebro produza outras substâncias que fazem o organismo voltar ao normal.

O problema complica quando a pessoa não controla a sua vida, submetendo-se a permanente estado de tensão, provocada pelo medo, raiva, hostilidade, pavor, tristeza, solidão, luto, sofrimento mental, pânico, ansiedade, etc. O organismo, nesse caso, entra em estresse.

De acordo com a lista compilada pelo psicólogo Michael Antoni e seus colegas da Universidade de Miami, estes são alguns sintomas do estresse:

Sintomas Cognitivos: Ansiedade, expectativa receosa, baixa concentração, dificuldade de memória.

Sintomas Emocionais: Irritabilidade, sensações

de tensão, inquietação, angústia, incapacidade de relaxar, depressão.

Sintomas Comportamentais: Problemas de sono, esquivar-se de tarefas, dificuldade de concluir deveres profissionais, nervosismo, tremores, fisionomia cansada, punhos cerrados, choro, mudanças nos hábitos alimentares e hábitos relacionados à bebida e ao cigarro.

Sintomas Fisiológicos: Músculos doloridos ou tensos, ranger de dentes, transpiração, dores de cabeça devido à tensão, sensação de desmaio iminente, sensação de sufocamento, dificuldade de engolir, dor de estômago, náusea, vômito, intestino solto, constipação, frequência e urgência para urinar, perda de interesse no sexo, cansaço, calafrios ou tremores, perda ou ganho de peso, atenção exagerada aos batimentos cardíacos.

Sintomas Sociais: A qualidade do relacionamento pode mudar; a pessoa busca companhia ou se isola". (Equilíbrio Mente/Corpo).

A adrenalina, liberada em situações de raiva, hostilidade, tristeza, medo, solidão, ódios, irritabilidade, eleva a pressão, aumenta a coagulação do sangue - como você já viu - acelera o crescimento de placas de ateroma, aumenta o colesterol.

A adrenalina é mais elevada em pessoas hostis.

Pessoas com pouco apoio social, isto é, sem relacionamento com família, parentes, amigos, colegas, vizinhos, companheiros de vida ou de clube ou de lazer, correm risco de desenvolver doenças coronarianas.

EFEITOS DO ESTRESSE

O excesso de tensões, sem a devida distensão, gera estresse. Este é a porta de entrada de todas ou quase todas as enfermidades. Descobriu-se que as sensações que antecedem qualquer enfermidade são genericamente as mesmas: cansaço, desânimo, fraqueza, abatimento. Por sinal, estes são os primeiros sintomas do estresse.

Com as defesas combalidas, sobram condições para a gripe, aftas, infecções respiratórias, ovulação irregular, até mesmo o câncer encontra caminho aberto para estender suas garras perigosas. Para os casos de aids, o estresse é extremamente debilitante. Problemas cardíacos e úlceras também são consequências funestas do estresse.

O estresse afeta o sistema nervoso, que, por sua vez, prejudica o estômago, provoca insônias, desequilibra a harmonia geral do corpo. O sistema nervoso central tem conexão com as defesas imunológicas. No caso do estresse, complica a vida imunológica.

Estresse prolongado aumenta o nível do colesterol no sangue, os ossos perdem cálcio, a pressão sanguínea se transforma em hipertensão, os intestinos podem sofrer diarreia ou espasmos, a frequência cardíaca pode entrar em arritmia, o infarto se candidata, uma vez que, os hormônios do estresse - como registrou o Dr. Kenneth Pelletier - podem aumentar indiretamente a tendência de coagulação sanguínea, aumentar o nível de colesterol no sangue ou induzir a uma rápida constrição das artérias coronárias, o que pode bloquear o suprimento de sangue para o músculo cardíaco e causar um infarto. Sob estresse, ou esforço extremo, o controle do cérebro sobre a frequência cardíaca pode cessar, causando fibrilação e morte súbita". (Equilíbrio Mente/Corpo).

A tensão é reação positiva e benéfica. Torna-se estresse quando crônica, quando vai à exaustão.

Num artigo que li, certa vez, de João Capri, encontrei uma bela descrição do que acontece em situação de estresse:

"Quando o estresse desencadeia a comunicação, sempre violenta, entre o hipotálamo e a glândula pituitária, o primeiro ponto de embate são as glândulas que produzem adrenalina. São elas que fabricam e libertam os verdadeiros hormônios do estresse - a dopamina, a adrenalina, a noradrenalina e, particularmente, o cortisol. As funções básicas do organismo, como o fluxo sanguíneo e a respiração, são de tal maneira sensíveis à adrenalina que, mesmo mudanças de minutos dos níveis desta substância, afetam a saúde. Um ligeiro aumento da produção de adrenalina pode constringir os vasos sanguíneos e aumentar a tensão arterial; uma alteração da noradrenalina pode precipitar diabetes ou asma, porque contrai pequenas artérias respiratórias dos pulmões. Se a glândula adrenal produz menos corticotrofina, os resultados podem ser a obesidade, doenças do coração ou osteoporose; excesso de hormônios pode levar as mulheres a desenvolver traços masculinos e os homens a calvície. Níveis altos de nicotrofina também podem matar células cerebrais cruciais para a memória. Esta glândula também é a fonte da maior de todas as reações de estresse: o impulso de fuga e ataque é que desencadeia o aumento repentino de açúcar no sangue, batimentos cardíacos, pressão arterial, tudo armas de que o organismo necessita para fugir ou para confrontar o perigo iminente".

Mais adiante, o autor explica que "os hormônios do estresse, a dopamina, a adrenalina e a noradrenalina, têm papel fundamental na comunicação entre células cerebrais. O estresse também altera os caminhos da serotonina e, por isso, está ligado à depressão, por um lado, e à agressão, por outro".

E diz ainda o artigo:

"A adrenalina instiga alterações más nas células do sangue. Leva as plaquetas do sangue a segregar grandes quantidades de uma substância chamada ATP e que, em grandes quantidades, pode desencadear ataques do coração ou tromboses, porque faz contrair rapidamente os vasos sanguíneos, cortando o fluxo sanguíneo".

CURE-SE DO ESTRESSE

Desenvolvi bastante, e até repetitivamente, esse problema porque o estresse é a epidemia da época moderna.

Há até os que acham que ter estresse é charme, significa ser pra frente, ser homem de grandes atividades. Isso é besteira. Meu avô já dizia que vale mais um burro vivo do que um leão morto.

Ser inteligente consiste em equilibrar a vida, a mente, o corpo e a situação, para ter as melhores condições de saúde, energia, vitalidade, juventude, boa disposição, sucesso, progresso, alegria e prazer.

Deus fez o mundo em seis dias, sabe por quê? - Simplesmente porque você não estava lá insistindo para que ele apurasse e resolvesse a história da criação em dois dias apenas, que você tinha muito que fazer.

Estresse revela desvio de conduta.

Muita gente vive na base daquela roda que começou a girar, a girar cada vez mais rápido, e agora não consegue parar.

Quem não tem tempo para descansar aqui na terra, mais cedo encontrará tempo para descansar no céu. Pode ser que logo aí terá que ouvir, deitado naquela cama bem estreitinha, os outros dizerem: "Descanse em paz, amém".

Como fazer?

Primeiramente, mude a filosofia de vida.

Encare a vida como uma caminhada abençoada, feliz, agradável, neste mundo maravilhoso de fraternidade e não de competição hostil.

Por certo, você ouve, a toda hora, que tem que lutar, competir, agredir o mercado, arrombar portas para ter vez, não levar ninguém de compadre, brigar por um lugar ao sol, derrubar os que estão na frente, arrebentar a boca do balão, matar um tigre por dia.

Certa vez, o presidente daquele país falava com

entusiasmo:

- Meus concidadãos, para ganhar o tempo perdido acelerar o progresso, de hoje em diante vamos trabalhar vinte e seis horas por dia.

O assessor puxou-o pelo casaco e corrigiu:

- Excelência, o dia só tem vinte e quatro horas.

- Não tem importância - bradou o orador - faremos duas horas extras à noite.

Não crie monstros na cabeça, porque será devorado por eles.

A mentalidade de luta e competição supõe a existência de inimigo. Inimigo gera processo de ódio; ódio e hostilidade produzem estresse, que termina em catástrofe.

Não veja a sua atividade do ponto de vista dos outros, mas do seu próprio ponto de vista, que é realizar seus projetos, fazer o melhor para si e para os outros, servir de maneira mais eficiente e eficaz, alcançar seu sucesso e a sua própria vitória. Os outros são os outros, você é você. Cada qual tem o seu próprio caminho, e que deve ser percorrido com determinação, persistência, fé, entusiasmo, alegria e paz interior.

Primeira coisa necessária a você: manter a mente tranquila, positiva, otimista, com metas claras e prazerosas. Segunda: percorrer o seu caminho, acreditando que é o seu caminho e, se é seu, não é de mais ninguém. Terceiro: lembre-se que a pressa é inimiga da perfeição, ao passo que a calma é a fonte das riquezas. Jesus já dizia, com sua sabedoria infinita: “Bem-aventurados os calmos porque eles possuirão a terra". Quarto: Saiba que a mente tem ímpetos de conquistar o mundo em três dias, enquanto que o corpo tem seu ritmo próprio, que deve ser acatado. O desrespeito ao ritmo do corpo, gera estresse. Alterne atividade com descanso, durma oito horas por noite, alimente-se saudavelmente, evite excessos de bebida e fumo, faça exercícios físicos, caminhe sem compromisso, pratique esporte. Quinto: reserve seu fim de semana para o lazer, divertimentos, prazer, convivência agradável com a família.

A CURA DO ESTRESSE PELA MENTE

O estresse começa na mente e se expressa no corpo. A cura percorre o mesmo caminho.

As atitudes mentais que desfazem os efeitos do estresse são:

Primeiro: **mude os padrões de pensamentos. Cultive pensamentos de sucesso, de otimismo, de positivismo, de riqueza e prosperidade.**

Segundo: **mentalize autoconfiança, autoestima, altoastral, alegria e felicidade. São pensamentos e sentimentos que acabam com o mal-estar, o estresse e a depressão.**

Terceiro: **pratique, à vontade, o bom humor. Este estado mental previne a depressão, o estresse e problemas cardiovasculares; acaba com a ansiedade e a angústia; elimina as preocupações; aproxima as pessoas; gera energias atrativas e cria condições de**

boa convivência.

Quarto: **exercite o relaxamento. Encontre três ou quatro momentos diários, de quinze minutos, para relaxar a mente e o corpo. O relaxamento, como você já viu, recupera energias, fortalece o sistema imunológico, acalma os nervos, enxuga a adrenalina, produz bem-estar.**

Quinto: **use e abuse do riso. Lembre-se que rir é o melhor remédio. Escrevi um capítulo sobre a importância do riso. Ele é extraordinário exercício físico para a saúde. Oxigena o sangue e o cérebro, fortalece o sistema imunológico, ajuda a digestão, distensiona os nervos, dilata as artérias, descongestiona os órgãos, melhora a circulação sanguínea, rejuvenesce o corpo e produz bem-estar.**

Outros remédios naturais antiestresse: os passeios, o lazer, a diversão, o sexo, a dança, o sol, a comédia, os programas de humorismo, o contato com a natureza, a alegre convivência familiar e social.

EQUÍVOCO DAS PESSOAS

Muita gente alega que não tem tempo para férias, nem para a família, nem para a convivência social, e muito menos para o divertimento. Quando muito, consegue chegar num bar para tomar umas que outras a fim de relaxar.

Esta prática se fundamenta num equívoco desastroso.

Concordo que você tem muitas atividades e compromissos. E que são importantes na sua vida. Concordo que você precisa cumprir suas metas, realizar seus projetos e sonhos. Concordo que você busca o melhor caminho para chegar lá. Só tenho minhas dúvidas se tomou o melhor caminho.

Se uma pessoa se atira desabaladamente, de cuia e mala, como diz o gaúcho, à realização das atividades do dia a dia, sem dar-se tempo para mais nada, entrará em desequilíbrio orgânico e o resultado será o estresse. Como quer ganhar tempo, aproveitar cada instante para realizar mais e mais, segue em frente, naquela correria dos diabos.

O resultado do estresse é que terá que trabalhar mais para produzir menos, até que a doença o obrigue a não produzir nada. Portanto, o caminho do excesso de trabalho atabalhoado para ter maior rendimento na vida, vai redundar em efeito contrário.

Houve falha terrível de estratégia.

Se você organiza seu trabalho, equilibra as energias, alterna a tensão com a distensão, no final das contas produzirá muito mais, mantendo a saúde, o que é essencial.

Enriquecer à custa da saúde é péssimo negócio.

Você ganha, mas não leva.

Espante decididamente o estresse, conservando a mente positiva, o coração cheio de entusiasmo, a vida em alto-astral, as energias em ascenção.

CALMA E SANGUE FRIO

Já dizia minha avó que calma e caldo de galinha não fazem mal a ninguém.

O Mestre, na sua sabedoria incomensurável, ensinava que quem quer ganhar a vida, perdê-la-á. Isto não tem nada de incoerente. Pode significar que o exagero de trabalho, levado ao extremo do estresse, ao invés de produzir ganhos, redundará em perdas desastrosas.

Cultive a calma.

Não tome decisões em cima da perna.

Conte até dez antes de xingar algum chatonildo. Aceite o erro como processo normal da vida.

Sei que, se você delega algum trabalho para outra pessoa, ela vai fazer pior do que você, mas não adianta pensar que, por isso, tudo deverá cair na suas costas. Terá que delegar, de qualquer maneira.

Aprendi que não se deve deixar de fazer o bom porque não se pode fazer o ótimo. Seu assessor vai fazer o bom, com algum risco de sair porcaria. Mas a perfeição só existe lá no andar de cima.

Vale mais a vida do que alguns vinténs - diz o ditado.

Ensina outro provérbio que "vão-se os anéis, fiquem os dedos". Não queira perder os dedos porque não quer perder os anéis.

Conheci um sujeito tão estressado que saiu de casa, pela manhã, com a pasta numa mão e o saco de lixo na outra. Jogou a pasta no lixo e foi para o trabalho com o saco de lixo.

Em primeiro lugar, a vida. Com saúde. E saúde física, mental, emocional e espiritual.

Seja calmo. Muito calmo. Claro que ser calmo não significa ser omisso.

Uma coisa de cada vez e cada coisa no seu lugar.

Dizia o Mestre: "Basta a cada dia as coisas de cada dia".

À noite, relaxe, ria bastante, tire a couraça da cara, transmita alegria à sua esposa, brinque com os filhos e durma em paz. Esta é a melhor terapia.

Sua vida é uma preciosidade.

Sua saúde vale mais do que o Banco Central.

Por fim, três ideias para seu bem-estar:

Relaxe.

Sorria.

Cuide da saúde.

Capítulo 15

CURE-SE DA DEPRESSÃO

Se existe uma doença mais fora de época, esta é, sem dúvida, a depressão.

Por quê?

Vivemos num mundo de alta tecnologia, usufruindo dos mais altos padrões de vida, tendo à mão recursos jamais pensados, em condições de conforto inimagináveis para gerações anteriores e, no entanto, a maior epidemia atual é a depressão, que significa desânimo da vida, perda da alegria de viver, vontade de sumir do mapa, inércia, apatia.

Justamente no momento mais evoluído e atraente da história humana, acontece o contrário para milhões e milhões de pessoas. Nos EUA, as cifras chegam a mais de 15 milhões de pessoas com depressão; no Brasil, falam em 10 milhões.

Se você sofre de depressão, console-se, que não é o único herói dessa desgraça. Aliás, Norman Cousins escreveu que toda doença tende a causar depressão e desesperança.

Qualquer fato desagradável, deprimente, prejudicial, ofensivo, injusto, doloroso, pode afetar a mente em profundidade. Sobram duas possibilidades: passado o impacto, deixar pra lá, perdoar e esquecer; ou remoê-lo, "re-senti-lo" tanto e tantas vezes a ponto de fixá-lo no subconsciente. Se isto acontecer, estabelece-se a tristeza, o desânimo, a fraqueza, com seu corolário de efeitos fisiológicos, como distúrbios de apetite, insônia, incapacidade de concentração, perda da memória, complicações de diabetes, inércia, apatia, redução da energia vital, problemas gastrointestinais e riscos de ataque cardíaco.

É a depressão. A popular deprê.

CONSIDERAÇÕES

Não fosse a compaixão para com os que sofrem, ter-se-ia que dizer que a depressão é injustificável perda de tempo. A vida é curta demais para ser desperdiçada dessa maneira.

Cada instante é um milagre, que nunca mais voltará. Pela depressão, você joga fora o milagre.

Olhe para este imenso paraíso terrestre, criado por Deus com todo capricho, para você, exatamente para você, e você não está nem aí. Tudo bem, mas não pode se queixar do Infinito.

Contemple com os olhos, a mente e o coração, as

maravilhas que existem ao seu redor: o esplendor do sol, o encanto das estrelas, o espetáculo da chuva com suas explosões de luz e som, a grandeza dos oceanos e das praias, a poesia dos lagos, a beleza das florestas, o vigor dos rios, a energia das rochas, o mundo fascinante das aves e dos animais. Por falar em animais, há especialistas que dizem que ter animais domésticos, como cachorro ou gato, é até uma boa maneira de afastar a depressão.

Na depressão, o indivíduo mais injustiçado é você mesmo. Porque, seja o que for que tenha acontecido, você é o autor da sua depressão. Esta é solução equivocada para fatos da vida. A verdadeira solução é recolher os ensinamentos da vida e seguir em frente, ao invés de ficar para trás feito caranguejo. Fixado no passado, sem vontade para nada, desleixado, você abandonou-se.

Talvez esteja se queixando de alguém, que teria causado sua desgraça, mas seu pior inimigo tornou-se você mesmo, concorda? Sim, porque não se cuida, não reage, não usa as energias saudáveis que Deus lhe deu, não aproveita o sorriso gratuito que espanta as trevas, não usa os lindos olhos para ler e inundar o coração de coisas boas e benéficas, não se serve dos pés e pernas para uma caminhada, não ouve as pessoas amigas e os especialistas, enfim você não está sendo suficientemente bom para si.

Sei que dirá que não pediu a depressão a Deus, que não a comprou em nenhuma loja, que foram as desgraças da vida que o colocaram nessa situação. Está bem, não discuto. Realmente você é uma pessoa boa. Mas a verdade é que, apesar dos pesares, a cura da depressão está em você e é bem mais fácil do que imagina.

Você pode não se julgar responsável pela depressão, vá lá, mas é totalmente responsável pela cura.

O erro do deprimido é o mesmo do elefante: não sabe a força que tem.

COMO CURAR A DEPRESSÃO

Como sair dessa?

Primeiro passo: <u>saiba que tem cura e você é sua cura.</u>

Você, por gentileza divina, tem sabedoria e poder infinito, através dos quais consegue remover montanha, por maior que seja. Sua palavra interior é a maneira pela qual você exerce esse poder. A palavra produz a realidade do próprio conteúdo. A palavra é o exercício do seu poder criador e curador. Você, sua vida e sua situação, modificam-se literalmente sob a ordem da sua palavra. Para onde você dirigir sua palavra, para lá guinará sua vida.

Lembro-me de um moço, que atendi há alguns anos, na pior depressão. Tinha abandonado os estudos, deixado de trabalhar, jazia em casa sem vontade para nada. Conversei com ele, estimulei-o, conduzi-o a um relax com programação positiva e dei-lhe uma pequena mentalização escrita para lê-la algumas vezes por dia.

Quando retornou, continuou se queixando. Perguntei-lhe se tinha mentalizado as afirmações do papel que lhe dera.

- Pois, olha - disse ele - não li, não me sinto bem, não tenho forças.

- Escute aqui - respondi-lhe - eu não lhe pedi para carregar pedras e nem para escalar montanhas. Só o que lhe pedi foi que lesse o conteúdo do papel. Não vai me dizer que isso é impossível. Volte e mentalize durante a semana inteira, mesmo que não sinta vontade e mesmo que suponha não resolver seu caso.

Na semana seguinte, ele já tinha melhor aspecto e um pouquinho mais de ânimo. Voltei a incentivá-lo mais duas ou três vezes, percebendo a evolução do astral e da disposição. Depois, o moço desapareceu. No fim do ano, vi-o na rua, com livros a tiracolo, e fiquei satisfeito. Em fevereiro, encontrei-me com a sua mãe que, muito feliz, contou-me que o filho tinha feito vestibular e passado.

Depressão é estado mental. Não vou discutir a classificação de endógena e reativa. Fica para os psiquiatras. Quero apenas considerar que a depressão nasce na mente e, por isso, a cura pode e deve acontecer pela mente.

Até hoje, não sei se os comprimidos, tidos e havidos como milagrosos, ajudam ou atrapalham a cura. Ajudam por um lado, estimulando, exacerbando o cérebro, excitando a vontade e a disposição, mas, passado o efeito, a depressão não se acentua? O que suponho mais delicado nesse tipo de tratamento, é que, sob o efeito de estimulantes, a pessoa não é ela mesma e por isso está perdendo precioso tempo para recuperar-se por suas inesgotáveis energias interiores. Também é verdade que há situações desesperadoras em que o químico deve ser posto em ação, para evitar-se consequências piores.

Mas, o ideal é conseguir sacudir os brios, a fé, o entusiasmo, o amor e alegria latentes no deprimido. Esse é o caminho que fortalece o sistema imunológico, sacode as energias e produz as condições mentais de cura. Uma pessoa alegre e feliz, cheia de amor, escorada na força irresistível da fé - não tem depressão. Se tem, cura-a.

Segundo passo: Se o problema está na mente, a cura será mental.

Se o motor do seu carro está falhando, adianta meter pregos na carroceria? Todo efeito tem sua causa. Se o efeito é mental (desânimo, perda da vontade, tristeza, abatimento) a causa e a solução são mentais. Reconheço que há diferenças de entendimento entre o que digo aqui e a opinião de alguns psiquiatras. O importante é que o método funcione. Por mais defendido que seja um método, se não funciona, de nada vale. Em qualquer paciente de depressão, percebe-se que assim está porque o problema foi criado na mente dele. Há outras pessoas que passam pela mesma situação e reagem de forma diferente, não se vendo afetadas pela dificuldade ou pelo episódio. Outras ainda sofrem um pequeno baque e já se levantam. E há aquelas que enfrentam a desgraça pela mentalização positiva, pela leitura de livros de autoajuda, pela conversa com pessoas reanimadoras, pela participação de jornadas sobre o Poder da Mente, pelo estímulo de reuniões religiosas ou colaborando com instituições filantrópicas. Em todas essas pessoas, a vibração mental acaba com a depressão.

Admito que é bem mais fácil tentar a cura pela ingestão de dois ou três comprimidos por dia, do que sacudir o torpor, mentalizar, buscar a alegria interna e externa, sorrir ainda que de cara amarrada e sair a tomar sol e caminhar.

Ponha na mente pensamentos de alegria, palavras de força interior, orientações de autoestima e autoconfiança. Dê um jeito de perdoar o passado, até porque o passado não existe mais. O problema não passa de um fantasma que só tem vida na cabeça da pessoa. Depressão, em última análise, é um placebo às avessas: ocorreu um fato, que já é passado, mas a pessoa continua sugestionada pelo ocorrido, agindo como se estivesse acontecendo no momento.

É preciso mudar os padrões mentais. Como você é o que pensa, é essencial pensar alegria.

Terceiro passo: O que fazer para não apenas estar alegre, mas ser alegre.

Como, inicialmente, a pessoa tem pouca disposição para qualquer coisa, formule uma frase curta e passe a repeti-la incessantemente, como um mantra, uma jaculatória. Por exemplo: "Eu sou feliz".

"Cada dia estou melhor e melhor em todos os sentidos".

"Eu estou alegre, em alto-astral. Eu sou alegre".

"Agora sou outra pessoa, dona de mim, mais feliz

do que nunca."

"Eu sou filho de Deus perfeito, por isso estou numa boa".

"A vida é uma festa e eu estou nesta festa."

"Todos estão contentes porque eu sou alegre e sorridente".

Outra boa ideia é ouvir um CD com relax e mentalização de alegria, felicidade, cura da depressão. Facilita o deprimido porque se requer apenas atitude passiva. Pode ouvir até deitado.

Comece a ler um livro de autoajuda. Para essa finalidade específica, tenho "A Vida É Uma Festa", "Otimismo e Felicidade", "As Regras da Felicidade", "Ame ou Você Morrerá no Próximo Domingo". Também poderão ajudar muito os livros "A Fé Que Remove Montanhas" e "Sem Pensamento Positivo Não Há Solução". Há, ainda, muitos ótimos livros de outros autores, que você pode escolher numa livraria. O importante é que ponha alegria e autoconfiança na cabeça.

Não perca oportunidade de participar de alguma jornada sobre alegria, Poder da Mente, autoconfiança, sucesso, porque são forças poderosas em sua ajuda.

Lembro-me do caso de uma jovem que tinha uma amiga na pior depressão, jogada na escuridão do seu quarto e da sua mente. A amiga procurava ajudá-la da melhor maneira. Quando soube que eu ia realizar Jornada do Poder da Mente naquela capital, ficou entusiasmada e foi logo convidar a amiga, que não aceitou o convite, porque não se sentia bem, não conseguia sair da cama, essas desculpas de deprimido. A amiga tanto insistiu que ela concordou. Foram comprados dois ingressos. No dia do evento, a jovem foi buscar a deprimida para irem à Jornada, mas ela não estava pronta, pior, tinha desistido. A companheira ficou muito chateada e desabafou:

- Está bem, já que você não faz nada por si, fique aí com a sua depressão que eu vou-me embora!

- Espera aí um pouquinho - decidiu-se a moça.

Num instante, ela se aprontou, participou da Jornada e ficou curada do seu mal.

Você também, que está com depressão, faça um tratamento de choque na sua tristeza, saia da cama, vista-se bem e caminhe, caminhe, até cansar. A caminhada estimula o cérebro a produzir endorfina, um hormônio que alivia dores físicas e emocionais e gera bem-estar.

Vá ao sol, que também leva o cérebro a liberar o hormônio da serotonina, que previne e alivia a depressão.

Assista a sessões de humorismo e ria bastante, nem que seja a facão. O riso fortalece o sistema imunológico, produz endorfina, acaba com a depressão e o estresse, elimina a ansiedade, a angústia, desfaz a preocupação, descongestiona os órgãos e oxigena o sangue e o cérebro. Veja que estou lhe propondo remédios gratuitos, portanto, não há motivo para recusá-los.

Brinque com as crianças, com animais de estimação.

Entre em contato com a natureza. Ouça música

alegre, em tom maior.

Se você é uma pessoa de tradição religiosa, por que não se agarra com Deus? Reze pela cura, assista liturgias alegres, reuniões religiosas de alto-astral, cante junto com o povo, nem que a voz saia meio engasgada.

É verdadeiro o velho ditado atribuído a Deus: "Ajuda-te que te ajudarei".

Disse o Mestre, certa vez:

"Mas a vossa tristeza se converterá em alegria. Em verdade vos digo: Se pedirdes alguma coisa ao Pai, em meu nome, vo-la dará. Até agora nada pedistes em meu nome. Pedi e recebereis - e será completa vossa alegria". (Jo 16,16-24)

SEU NOVO PROJETO DE VIDA

Reflita sobre o início de uma nova fase existencial.

Qual é o seu projeto para começar hoje o melhor da sua vida?

O que é que você gosta de fazer? Este trabalho seja a sua meta.

Não tenha medo. Comece o seu empreendimento com ânimo, garra, prazer e disposição.

Se você faz o que gosta, já não trabalha,mas diverte-se, por mais horas que passe na sua atividade.

Descubra seu ideal de vida, estabeleça as mais atraentes metas, reúna os dados suficientes, e siga em frente. Aqui começou a surgir um empreendedor de sucesso: você.

Esqueça o passado. Ninguém está condenado a carregar o passado, por pior que seja. Águas passadas não tocam moinho. Se você vive olhando para trás, vai ter torcicolo.

Com a autoestima lá em cima, você vai se sentir ótimo.

Viu como não é tão difícil sair de uma fase ruim e começar nova vida?

O melhor da vida é hoje. E, melhor do que hoje, só amanhã.

Como o amanhã ainda não chegou, o melhor dos melhores é este momento presente. Viva-o intensamente. Você merece

AME

O amor cura qualquer doença, inclusive a depressão. Principalmente esta, porque depressão é escuridão e amor é luz.

Antes de tudo, ame-se a si mesmo. Ame sem restrições essa criatura estupenda que é você. Outra boa razão para você amar-se é que ninguém amará você mais do que você se ama. Quer ter um grande Amor? Ame-se em primeiro lugar.

Quando você se iluminar de amor, adeus depressão. Rejuvenescerá vinte anos. E o mundo se tornará um encantamento.

Irradie amor para as pessoas e terá a melhor retribuição. Além disso, se abrir seu coração, poderá ter a visita de um Amor daqueles capazes de virar a cabeça para os ilimites da felicidade.

Tudo é possível àquele que crê - dizia o Mestre.

PARABÉNS

Em dias de tempestade, o avião sobe além das nuvens e, de repente, os passageiros se deparam com um sol radiante envolvendo a aeronave.

Agora você está voando mais alto que sua depressão e alcançou o sol da alegria de viver.

Parabéns.

Siga em frente, que a vida é uma festa.

Capítulo 16

RISO E ALEGRIA: PODEROSOS FATORES DE CURA

Aprendemos da sabedoria humana que "rir é o melhor remédio".

Há milhares de anos, a bíblia também salienta que "um coração alegre serve de bom remédio, ao passo que o espírito abatido virá a secar os ossos". Afirma, ainda, a bíblia: "A alegria do coração prolonga a vida, enquanto que a tristeza encurta a vida".

Com a intensificação dos estudos referentes à imunologia, houve interesse de alguns cientistas, como Lee Berk e William Fry, de estudar especificamente os efeitos do riso e da alegria sobre o sistema imunológico.

Lee Berk descobriu que o riso inibe a produção de adrenalina e cortisol, que, sabidamente, são bloqueadores do sistema imunológico.

A raiva e a hostilidade, por exemplo, levam o cérebro a liberar adrenalina e cortisol. Se este estado mental for permanente, haverá sobrecarga dessa substância, que acaba enfraquecendo, e até mesmo inibindo, a ação das defesas orgânicas. Lee Berk verificou que o riso fortalece o sistema imunológico e neuroendócrino.

O imunologista William Fry, professor da Stanford University, concluiu que rir, de cem a duzentas vezes por dia, equivale ao esforço de uma pessoa remando por dez minutos. Isto significa que rir emagrece e baixa o colesterol, além dos demais efeitos benéficos.

Gostosas gargalhadas excitam, por assim dizer, as cordas vocais, músculos, nervos, órgãos, glândulas, diafragma, pulmões, tórax, abdômen e melhoram o fluxo e a oxigenação do sangue. É, pois, ótimo exercício físico.

Como dizia o grande filósofo grego Aristóteles, que viveu há 2.350 anos, "o riso é um exercício físico precioso para a saúde".

Após a sessão de risos despregados, o organismo entra em benéfico estado de relaxamento, daí afirmarem os entendidos que, além de ser calmante, dar gostosas gargalhadas é o melhor remédio contra a insônia.

Se você não gosta de fazer exercícios físicos, Fry lhe recomenda boas sessões de risadas, por exemplo, vendo filmes e programas humorísticos, CDs de piadas, comédias em DVD, livros de anedotas.

Para Fry, o riso previne problemas cardíacos, depressão e doenças relacionadas com o estresse.

Tem mais: o riso facilita a digestão; relaxa os músculos; dilata as artérias; torna a pele corada; dá brilho aos olhos; oxigena o sangue, os pulmões e o cérebro; baixa a pressão sanguínea; reduz o colesterol; emagrece; produz bem-estar geral. Além de tudo, leva o cérebro a liberar o hormônio da endorfina, que alivia e elimina as dores e faz a pessoa sentir-se bem, em ótimo astral.

Sabe-se, ainda, que o riso expulsa as preocupações, desfaz a angústia, acalma os nervos, dá fim à depressão, acaba com o estresse, aproxima as pessoas, favorece amizades e dá agradável perspectiva à vida.

O exercício do riso vai certificá-lo de que é impossível rir e se preocupar ao mesmo tempo.

Norman Cousins escreveu:

"Pesquisadores do cérebro, com os quais tenho conversado, têm especulado que o riso ativa a liberação de endorfinas, a substância produzida pelo organismo, que alivia a dor. Os veteranos estavam sentindo o mesmo efeito que senti na época da minha inflamação nas juntas, há muitos anos. Estava ativada a morfina do próprio organismo.

Eu relatava minha descoberta de que apenas dez minutos de boas gargalhadas me conferiam duas horas de sono sem dor. Já que minha doença era acompanhada de grave inflamação na espinha e nas juntas, tornando doloroso até mesmo o virar na cama, o valor prático da risada passou a ser uma característica importante do tratamento.

Esperança, fé, amor, vontade de viver, alegria, diversão, objetivo e determinação - são receitas bioquímicas poderosas.

Esperança, objetivo e determinação, não são apenas estados mentais; têm ligações eletroquímicas, que desempenham papel importante nos mecanismos do sistema imunológico e, na verdade, em todas as partes do organismo.

O fato mais tranquilizador da vida é que a espécie humana está à altura das suas necessidades; não há problema, simples ou complexo, que esteja além da capacidade de reação humana. O fato mais significativo a respeito do cérebro humano talvez seja que ele permite ao indivíduo realizar algo que jamais fora realizado. Uma vez que isso seja verdadeiro, os homens são os seres mais privilegiados da Terra". (Cura-te Pela Cabeça).

Para completar, diz ele sobre os efeitos do otimismo:

"Registro aqui uma das minhas próprias experiências médicas. Várias vezes sofri de doenças sérias e recuperei-me totalmente. A primeira vez que fiquei doente foi quando tinha 10 anos e tive de ser internado num sanatório para tuberculosos. Na segunda, sofri de uma doença paralisante, que me atacou quando fiz 50 anos. A terceira vez foi quando tinha 65 anos, dois anos após eu me haver engajado na Universidade da Califórnia, de Los Angeles, quando tive um grave ataque cardíaco. Em cada uma delas, eu estava perfeitamente consciente da importância do desejo de viver. No sanatório para tuberculosos, consegui classificar tanto os jovens quanto os adultos em dois grupos bem definidos. De um lado, os chamados realistas; de outro, os otimistas. Era fácil penetrar em qualquer dos dois grupos e isso se tornou uma parte importante e integral de minha vida. Os "realistas" sabiam tudo a respeito da devastação da tuberculose que, nas três primeiras décadas do século vinte, ainda era considerada uma das doenças que mais causavam óbitos. Os jovens "otimistas" do sanatório não discutiam a respeito dos fatos básicos. Eles sabiam, no entanto, que alguns jovens já haviam conseguido vencer a doença. Constatada tal evidência, isso alimentava suas esperanças e aumentava seu desejo de viver. O que de fato me chamava a atenção é que os "otimistas" conseguiam vencer a doença em número muito maior que os "realistas". A diferença entre os dois grupos não era meramente filosófica. Os "realistas" tendiam a se distanciar das atividades do grupo. Eles me pareciam viver uma vida sem alegria. Na companhia dos otimistas, entretanto, eu podia rir e me divertir".

A conceituada escritora Jane Broty, especialista em assuntos de saúde, escreveu na sua coluna do The New York Times: "Crescente número de médicos, enfermeiras, psicólogos e pacientes têm usado a expressão de felicidade, específica do ser humano, para reduzir o estresse, aliviar a dor, promover a recuperação e ampliar as perspectivas gerais de vida, por mais sombria que a realidade se mostrasse".

Realmente há hospitais nos EUA, e aqui no Brasil, que treinam as enfermeiras para levar alegria, bom humor e riso aos pacientes, através de piadas, cds, dvds, encenações e brincadeiras, porque chegou-se à constatação de que o riso e a alegria tornam a convalescença mais rápida.

A escritora e conferencista Louise Hay escreveu que "as pessoas felizes são saudáveis".

Os pesquisadores do National Cancer Institute, dos EUA, concluíram que as pessoas felizes são setenta vezes menos susceptíveis de contraírem qualquer doença, inclusive o câncer.

A Risoterapia é usada como método sério para eliminar o estresse, a depressão, a insônia, aliviar as dores e produzir bem-estar. São feitas três sessões diárias de risos: pela manhã, depois do almoço e à noite antes de dormir. Os depressivos melhoram em pouco tempo.

Segundo tenho lido, "o riso estimula a produção de endorfinas, os intercâmbios respiratórios se multiplicam por quatro, os movimentos abdominais facilitam a digestão, atuam sobre o fígado e melhoram a eliminação da bílis, assim como estimulam o baço".

Eis um remédio gratuito, dado por Deus, para a recuperação da sua saúde.

Pratique o bom humor.

Ria, com vontade ou sem vontade.

O Ministério da Saúde adverte: Rir pode ser perigoso para sua doença.

Gostou da piada?

Na casa onde entra o riso, não entra o remédio. Quando foi que você riu pela última vez?

Lembre-se de que os dentes não servem apenas

para morder, mas também para rir.

Nada de ficar extraviado pelas esquinas da vida, com cara de defunto de sétimo dia.

Sorria para a vida e a vida sorrirá para você.

A melhor filosofia é esta: Seja feliz, aconteça o que acontecer.

É prejudicial à saúde a pregação de que a vida é renúncia, severidade, sacrifício e pessimismo. A ascese da cara fechada, da testa franzida, do corpo curvado sob o peso da humanidade, é altamente danosa e, consequentemente, contrária aos desejos divinos.

Jesus já dizia que nenhuma árvore má produzirá bons frutos.

Não diga que a alegria não funciona em benefício da saúde, senão você estará agindo como aquela mulher que entrou numa farmácia para pesar o bebê que levava no colo. Como a balança infantil estava estragada, a balconista sugeriu subirem ela e a criança na balança e depois somente ela e, então, subtrair o peso dela sobrando o peso do bebê.

"Não vai funcionar - lamentou a mulher - eu não sou a mãe, sou a avó".

O riso, além de ser o rio que aciona a energia da saúde, é a ponte mais curta entre as pessoas.

O riso é um tesouro tão precioso que Deus só o deu ao ser humano.

Use e abuse dele à vontade.

Sua saúde agradecerá penhoradamente.

Capítulo 17

CÂNCER TEM CURA

Como ouso fazer a afirmação de que câncer tem cura?

Porque você é a causa da sua enfermidade. Se teve poder de criar a doença, logicamente tem poder de criar a cura. Por sinal, é mais fácil curar a doença do que criá-la.

Sempre é bom lembrar que doença não cai do céu, não é castigo, não é azar, não é destino, não é praga dos outros, não é presente grego de Deus.

Você não diz: "a minha doença é câncer?" Ora, se é sua, não pertence a ninguém mais. Você é o único autor e proprietário.

Quantas vezes comentou sobre o "seu" câncer?

Em primeiro lugar, não é seu por direito divino, mas porque você o criou ou deixou que se instalasse em seu corpo.

O primeiro passo é deixar de afirmar que esse câncer é seu. Enquanto for proprietário, o câncer ficará com você. Veja-o como um invasor indesejável, uma persona non grata, que você vai pedir decididamente que se retire do seu território. Ou, se quiser, veja a doença como um aviso benfazejo do seu corpo, chamando energicamente sua atenção para que solucione rapidamente algo que não está certo na sua vida. Qualquer dor de cabeça, ou mal-estar, é uma comunicação do seu querido amigo, o corpo, para que tome providência sobre algo que está errado na sua vida. Se você não levar em conta a informação, virá outro aviso mais duro, em forma de doença. Se, ainda assim, não der ouvidos a seu amigo inseparável desta vida, a situação poderá deteriorar-se a tal ponto que o colapso fatal seja inevitável.

Por esse lado, o câncer é uma mensagem vigorosa, insistente, improrrogável, para que você trate de salvar sua vida. É um SOS urgente e dramático.

Em segundo lugar, como você criou a enfermidade, pode desfazer-se dela. E é o que deve fazer desde já. Sua doença veio do nada e deve voltar para o nada. Já que você a fez, pode desfazê-la. Não importa o estágio em que se encontre.

Não há doença incurável, há pessoas incuráveis.

Sua doença torna-se incurável quando você a declara assim. Volta a ser curável, quando você passa a proclamá-la como tal. Ela deixará você no momento em que eliminar as causas que a criaram e proclamar a sua saúde.

Tudo tem cura. Claro que você é maior do que sua

doença, seja ela qual for. Não se assuste com o nome.

Um dia, na minha infância, aprendi esta quadrinha:

Não tenho medo de bicho,
Nem do ronco que ele tem.
O besouro também ronca,
Vai-se ver, não é ninguém.

Seu câncer tem ronco apavorante, mas, vai-se ver, não é ninguém.

Há pessoas que desmaiam só de ouvir a palavra câncer. Nomes são apenas nomes.

Certa vez, encontraram-se três viúvas e um médico. Este logo se interessou em saber de que morreram os maridos.

- O meu marido morreu de cirrose - disse uma.

- O meu morreu de trombose - comentou a outra.

A terceira viúva pensou um pouco e descarregou:

- O meu marido morreu de jipose.

- Jipose? - exclamou o médico, sem entender de que doença ela falava.

- É sim senhor - explicou ela - foi acidente de jipe.

E aquele homem que confundiu sífilis hereditária com chifre do rei da Itália?

CAUSAS DO CÂNCER

Câncer é efeito; logo, deve ter uma causa.

Como o corpo sempre reage aos padrões mentais, pela lógica a causa terá que ser mental.

O Dr. Deepak Chopra fez as seguintes considerações:

"Diante de um paciente de câncer, seu estado mental é julgado no dia do diagnóstico, muito antes ou muito depois? O Dr. Lawrence Leshan, autor de estudos pioneiros, desde os anos 50, relacionando as emoções ao câncer, voltava à infância de seus pacientes para descobrir a semente sombria que envenenava sua vida psicológica". (A Cura Quântica).

Prossegue o Dr. Deepak:

"Tudo o que acontece no universo mental, necessariamente deixa sinais no físico. Recentemente, os pesquisadores do cérebro conseguiram uma forma de fotografar o percurso dos pensamentos em 3D, como um holograma. O processo, conhecido como PET (tomografia por emissão de pósitron), consiste em injetar-se, na corrente sanguínea, glicose, cujas moléculas de carbono foram marcadas com radioisótopos. A glicose é o único alimento do cérebro, que ele utiliza muito mais depressa que os tecidos comuns. Consequentemente, quando a glicose injetada atinge o cérebro, as moléculas marcadas de carbono são detectadas em três dimensões pelo monitor, mais ou menos como ocorre numa tomografia. Observando essas moléculas girarem enquanto o cérebro pensa, os cientistas viram que cada acontecimento distinto no universo da mente - como a sensação de dor ou de uma intensa lembrança - desencadeia novo modelo químico no cérebro, não apenas em um ponto, mas em muitos. A imagem se modifica a cada pensamento e, se fosse possível ampliar a imagem para o corpo todo, não restaria dúvida: ele também se modifica ao mesmo tempo, graças às cascatas de neurotransmissores e moléculas mensageiras afins. Como se pode ver agora, nosso corpo é a imagem física, em 3D, do que estamos pensando". (Idem).

Marilyn Ferguson escreveu que "o câncer representa uma falha no sistema imunológico. Em diferentes momentos de nossas vidas, quase todos temos células malignas que não se transformam em câncer clínico, porque o sistema imunológico se encarrega delas suficientemente". (Conspiração Aquariana).

Afirma também que mágoas não-expressas podem detonar uma patologia, inibindo o sistema imunológico. (Idem).

PESQUISAS

A Drª Caroline Bedell Thomas, da Escola Médica da Universidade Johns Hopkins, começou, em 1946, um trabalho de pesquisa levantando o perfil da personalidade de 133 estudantes de Medicina, e acompanhando a saúde física e mental deles durante décadas, a fim de encontrar antecedentes psíquicos para algumas doenças que ela pesquisava, inclusive o câncer.

No que tange ao câncer, os resultados foram surpreendentes: as características daqueles que desenvolveram câncer eram quase idênticas às dos que mais tarde se suicidaram. Quase todos os cancerosos, durante toda a vida, tinham contido as emoções, principalmente as agressivas, correlacionadas com suas próprias necessidades.

A Drª Caroline descobriu também que, lançando mão apenas dos desenhos que os estudantes faziam, como parte dos testes, era possível prever que partes do organismo seriam atacadas pelo câncer. (Dimensões da Dor No Câncer).

Segundo o Dr. Kenneth Pellettier, PH.D, "o câncer foi ligado à falta de afirmação, desesperança e incapacidade de expressar emoções. (Equilíbrio Mente/Corpo).

O médico francês Claude Jasmin afirmou, num livro seu, que o câncer é uma "doença da alma", causada por muitos fatores emocionais, e acredita que o paciente pode curar-se ao estruturar-se emocionalmente para a saúde.

A psicóloga Lydia Temoshok e o aluno de pós-graduação Andrew Kneier, da Universidade da Califórnia, fizeram um estudo comparativo sobre a reação de pacientes cardíacos e pacientes portadores de melanoma maligno diante de choques elétricos suaves. Embora os cancerosos sofressem mais fisicamente, tenderam a amenizar sua irritação emocional quando conversaram com os pesquisadores após o teste. Ficou a hipótese de que portadores de câncer são "pessoas dóceis", que evitam manifestações de raiva e tem dificuldade de expressar suas emoções.

Muita gente não consegue entender porque pessoas boas, amigas, dóceis, sem boca para nada, generosas, sacrificadas - por vezes têm câncer. Se a doença é um mal, por que essas pessoas amáveis são acometidas pelo mal? Não é contradição?

Certa vez, encontrei a resposta num livro em que o autor se refere exatamente a esse tipo de pessoas com câncer. Diz ele que, entre os pacientes de câncer, predominam as pessoas compulsivamente boas e generosas, que dão prioridade às necessidades dos outros. E o escritor acentua que se pode dar ao câncer o nome de "doença de gente amável". Amável, bem entendido, segundo o modelo dos outros. E gente que ama em termos condicionais: dão amor para recebê-lo em troca. Se não houver retribuição, ficam mais vulneráveis à doença, que geralmente se manifesta dois anos após o desaparecimento do esteio psíquico.

O Dr. Jimmie Holland, M.D. e Sheldon Lewi, acreditam que uma das causas do câncer é o isolamento e falta de apoio social. Citam que "um estudo de longo prazo realizado no condado da Alameda, na Califórnia, por pesquisadores do Departamento de Ciências Médicas da Califórnia, revelou que as pessoas mais velhas e socialmente isoladas, tinham maior propensão a sofrer de câncer do que as outras pessoas. Vários outros pesquisadores confirmaram essa ideia." (Equilíbrio Mente-Corpo).

Pesquisas, feitas no Hospital Gaffrée e Guinle, chegaram à conclusão de que a depressão aumenta o risco de câncer, principalmente no pâncreas, e também descobriram que o luto e a solidão são graves fatores de risco, para o surgimento e evolução de doenças cancerosas.

Outro dado colhido pelo Gaffrée e Guinle, numa amostragem de 30 pacientes portadores de neoplasias malignas, é que o câncer, muitas vezes, é causado por fatores emocionais de comportamento.

O Dr. Mário Santos Moreira, professor de Psiquiatria da Universidade do Rio de Janeiro, fundamentou-se em alguns estudos sobre psiconeuroendocrinologia e em pesquisas feitas no Hospital Gaffrée e Guinle para afirmar que o câncer é uma doença psicossomática, desencadeada por fatores causadores de frustração. O problema é ligado à "adaptação à realidade" e o tumor se consolida malignamente se os conflitos ou frustrações persistirem.

Estudos feitos nos EUA - conta o cancerologista Fernando Gentil - indicaram que as pessoas entram em contato, uma ou mais vezes, com o câncer, mas as defesas detectam e combatem o mal no seu início. O organismo constrói uma espécie de barreira em torno das células malignas. Pela depressão física ou psíquica, as defesas baixam e o processo cancerígeno pode ser reativado, às vezes até com consequências letais. Nem todos os estudiosos, no entanto, concordam que fatores emocionais depressivos sejam causadores de câncer, porque inúmeras pessoas sofrem depressões seríssimas e não contraem a doença.

O LUTO E O CÂNCER

Quase todas as famílias vivem, ou viveram, sofrimentos e dor, causados pelo falecimento de um ente muito querido. Estabelece-se um vazio, a agonia de não ver mais aquele familiar que aí estava sentado naquela poltrona, naquela cadeira à hora da refeição, com aquele sorriso, com aquelas atitudes. Há familiares que superam de imediato tal desgraça, outros levam um tempinho de 30 ou 60 dias, mas há pessoas extremamente sensíveis que entram em depressão persistente e o sofrimento avança pelos anos afora. Esta atitude é muito prejudicial, porque abate as defesas imunológicas, com consequências sérias para doenças, inclusive o câncer.

O pesquisador americano Marvin Stein estudou um grupo de viúvos para saber porque certos homens, que ficam muito deprimidos com a morte da esposa, falecem pouco tempo depois. Percebeu que ocorre uma forte queda no sistema imunológico no período de dois meses após a morte da companheira.

Os pesquisadores do National Cancer Institute, dos estados Unidos, admitiram que o estresse, as emoções negativas e os choques no plano afetivo subvertem nosso equilíbrio bioquímico e a capacidade dos tecidos de se defenderem dessas ameaças, varia de indivíduo para indivíduo.

Louise Hay, conhecida escritora e conferencista, dos EUA, ensina que o câncer é provocado por longa retenção de mágoas e ressentimentos, ódios carregados durante muito tempo, ferimentos psicológicos. Ela mesma relata que teve câncer na vagina e descobriu que, na sua infância e adolescência, fora maltratada, violentada aos cinco anos de idade, mal-amada pelos pais, padrasto e família, desprezada pelas pessoas. Embora o caso dela fosse grave, necessitando urgentemente de cirurgia, ela pediu tempo para realizar-se uma autoterapia do perdão e uma dieta saudável. Ficou curada sem cirurgia.

Considero que a mágoa é a matéria-prima do câncer.

Dos muitos casos de câncer que tomei conhecimento, a maioria dos pacientes guardava profundo ressentimento, quase sempre por questões de separação e divórcio mal absorvidos emocionalmente.

A CURA

Masaharu Taniguchi, fundador da Seicho No Iê, faz uma ponderação que, neste momento, considero oportuna:

"O que promove a cura de doenças é a força da vida e não o poder dos medicamentos ou da cirurgia. Ministram-se medicamentos e efetuam-se cirurgias a fim de eliminar empecilhos e facilitar a ação da força da vida. Os empecilhos podem ser micróbios ou algum defeito na constituição do organismo. Alguns medicamentos destroem os micróbios, outros estimulam o organismo. Contudo, por mais que se ministrem medicamentos a um cadáver, a fim de matar os micróbios, e por mais que se efetuem cirurgias no intuito de reparar o organismo, é impossível ocorrer a cura, porque nele já não está presente a força vital. Unicamente a força vital vivifica o ser humano e cura doenças".

Se o mal se originou na mente, a cura está na mente.

Perdoe o passado. E é fácil, porque o passado não existe.

Carregar mágoas e problemas do passado é um despropósito, já que você está sofrendo por algo inexistente. É, por assim dizer, o mesmo que continuar chorando hoje porque quase morreu afogado em 1930. O afogamento é um fato que não existe mais. Tem cabimento você sofrer agora pela lembrança de uma indigestão que aconteceu há dez anos?

Ressentimento significa que você continua re-sentindo algum prejuízo, maldade, sofrimento, desprezo ou outro fato negativo. Sentiu profundamente a primeira vez e passou a resentir todos os dias, até que o sofrimento afetasse alguma parte fragilizada do organismo, principalmente os seios.

Deixe o passado para trás. Viver no passado é falta de inteligência, pois significa sofrer pelo que não existe.

Perdoar o passado é necessidade básica da vida.

Perdoado o que aconteceu, começa a desaparecer a causa do câncer.

Agora faça uma declaração de amor a si mesmo, a Deus e a toda a humanidade, incluindo seu desafeto.

Lembre-se de que o problema do outro é problema do outro e não seu. Não queira carregar o mal que não lhe pertence, porque, neste caso, passará a ser também seu, com desastrosas consequências para a saúde e a vida.

O câncer não foi produzido por um fato, mas pela interpretação mental e emocional negativa dada ao evento.

A ocorrência não pode ser desfeita, porque já passou. Como desfará o que não existe? Mas, as imagens, os sentimentos, as mágoas, os ódios, as tristezas, a depressão, a infelicidade - que são estados mentais - podem e devem ser jogados fora imediatamente. Não trazem nenhum benefício, não conseguem desfazer o episódio e prejudicam a saúde. Teoricamente, eliminar todos os males causadores do câncer é fácil, porque são mentais, e você tem comando absoluto sobre a mente. Eis a importância do perdão para a saúde.

Conscientize-se de que você não é o outro. Você é você. Quem faz por sua vida e felicidade é você e não o outro. Portanto, mande às favas todos os sofrimentos e comece uma vida maravilhosa, cheia de projetos, de sonhos amorosos e de realizações felizes.

O ponto de poder é o momento presente.

Os pensamentos que você criar hoje, amanhã, nesse mês, nesse ano - farão sua nova realidade. Comece vida nova com toda a alegria e otimismo que puder. Esta realidade mental criará novos efeitos físicos, e assim abrirá caminho para a recuperação da saúde.

Muda-se a causa - muda-se o efeito.

Gere poderosos estímulos mentais, trabalhe naquilo que gosta, sinta imensa alegria de viver, projete metas grandiosas, tenha o riso despontando sempre nos lábios e recarregue as baterias espirituais, com indomável vontade de viver - e não há doença que resista a esse bombardeio positivo.

Mesmo que seu caso seja grave, se você quer, você pode.

O milagre existe. É simples.

O QUE FAZER

Antes de tudo, saiba que todos os métodos de cura foram criados por inteligências humanas, ligadas na Inteligência Infinita, para o benefício da humanidade.

O que a Medicina oferece para a sua cura, se concorda, utilize.

Use os serviços da Medicina nos quais você acredita. Mesmo que sejam placebos, se você acredita, produzirão os resultados supostos.

O subconsciente não apenas aceita uma sugestão como se fosse verdade, senão que tem a capacidade de tornar tal sugestão uma verdade.

O passo mais importante é acreditar na cura. De fato, tudo tem solução. Qualquer enfermidade tem cura. Desfaça os medos e a angústia.

O Dr. Helmo Roger Toruño, especialista em câncer, disse numa palestra realizada no Rio de Janeiro, por ocasião da Primeira Convenção Mundial de Controle da

Mente, que a mente que produz o câncer, é a mente que faz regredir o câncer. Entre as causas do câncer, ele colocou: um profundo sentimento de perda irreparável, de quem perdeu o necessário e a razão de viver. O tumor segundo ele - representa a perda. E a cura ocorre justamente nas pessoas em que, passado o impacto do conhecimento da doença, se voltam com toda a fé para uma razão maior de viver.

Acredite na cura e tenha uma razão poderosa para querer viver.

Deseje ardentemente viver. Levante um grande objetivo. Descubra uma finalidade positiva e forte para continuar vivendo.

Observou-se que as pessoas curadas de câncer tinham, anteriormente, mudado suas atitudes mentais: descobriram uma maneira de amar a vida, a si mesmas, a humanidade e buscaram algum meio de serem úteis, corajosas e positivas.

Amar-se é essencial. Amor é energia. É luz. É a mais poderosa força curadora existente na criatura humana. Dizem os entendidos que o amor cura todas as doenças.

Num certo lugar, duas mulheres foram ao cancerologista para exame e ficou constatado que ambas tinham câncer muito avançado, sem perspectiva de cura. Como se diz, estavam desenganadas.

A primeira ficou desesperada, porque tinha uma filhinha de um ano de idade. Que seria de sua filhinha, sem a mãe, sem assistência, sem seu amor, sem seu carinho, sem a sua educação?! Pobre filha! Que desgraça viver a vida sem a mãe, desde pequenininha!

Esta mãe tornou-se cada vez mais triste e desanimada. Morreu em pouco tempo.

A outra mãe, que também tinha uma filhinha de um ano de idade, disse para si mesma que não podia morrer de forma nenhuma, porque tinha uma filha para criar e para conduzir na vida.

"Ela precisa de mim - pensou - e não posso morrer enquanto não a encaminhar com todo o meu amor, para uma boa educação. Diga o médico o que disser, eu viverei. Viverei porque quero viver. Viverei porque necessito viver. Quero dedicar-me à minha filhinha, que tanto precisa de mim, nesta idade.

Resultado: esta mulher ficou curada.

Sua atitude positiva, seu ideal maravilhoso e amoroso, sua vontade de viver, fortaleceram o sistema imunológico e o câncer sumiu.

Queira viver com todas as forças da alma.

Lute entusiasticamente para vencer a enfermidade.

Semeie alegria e amor no seu caminho.

Aprenda a fazer de um limão uma limonada.

Certa vez, avisaram o inventor Thomas Alva Edison que sua nova fábrica tinha incendiado. Os jornalistas correram para registrar a reação do inventor. Este explicou que o acidente significava para ele a oportunidade de construir uma fábrica nova, melhor do que a incendiada.

Se fosse você, desandaria numa depressão de cair de cama?

Não é o acontecimento que produz doença, mas a reação negativa da mente sobre o fato. Thomas Alva Edison reagiu positivamente e teve novo sucesso na vida.

Há moças que casam cheias de ideais, dedicam-se ao marido e à realização dos projetos de vida. Fazem o serviço de casa e ainda trabalham fora a fim de juntar dinheiro para comprar casa, ter carro, conforto e tudo o mais. Anos mais tarde, a família bem de vida, e o marido resolve acabar com o casamento e unir-se a outra mulher. A primeira entra em depressão porque é uma grande injustiça, uma maldade, uma indignidade. Depois de tudo o que ela fez, agora, na hora de usufruir, o marido dá um pontapé na barraca e se manda! Isso é insuportável! A mulher fixa-se nessa melancolia e já não vê mais nada, nem o que lhe restou, nem os filhos maravilhosos, nem os amigos, e nem a vida que continua melhor e melhor.

Se você está nesta situação, mude de atitude, afinal você é dona de si, tem poder e sabedoria interior, tem capacidade de recomeçar, tem o dom maravilhoso do amor, por outras palavras você ficou com tudo que lhe diz respeito. Ficou com a melhor parte. Não há porque se queixar. Se o ex-marido errou grosseiramente, deixe que erre, o problema é dele, ninguém é impecável e nem anjo caído do céu.

A sua vida é sua. Faça dela o melhor que puder.

Agora é sua vez de pôr em prática sua grandeza,

sua inteligência, sua criatividade, sua nobreza de coração, seu espírito cristão, sua fé e seu entusiasmo.

Desafie seus brios. Curta a presença dos filhos e amigos, faça cursos, participe de eventos, dedique-se aos que sofrem mais do que você e verá que é fácil ser feliz. Além disso, estará evitando a desgraça do câncer.

VISUALIZE A CURA

O Dr. Simonton sugeriu a um paciente, que sofria de câncer na garganta, que reforçasse o efeito das radiações por meio da prática da visualização. Ele foi ensinado a visualizar seu câncer o mais vividamente possível. Depois, pediram-lhe que visualizasse seu sistema imunológico, sob qualquer imagem que desejasse, "vendo" as células brancas do sangue atacarem, com sucesso, as células cancerosas e as expulsarem do corpo, sobrando apenas as saudáveis. Foi aconselhado a repetir a visualização várias vezes por dia. O homem concordou e logo seu tumor pareceu regredir. Depois de dois meses, o tumor havia desaparecido. (A Cura Quântica, Dr Deepak Chopra).

Deepak Chopra contou o caso de um paciente que anotou na ficha médica que "uma vez teve câncer no cérebro". Relatou, então, que, há cinco anos, começou a ter vertigens súbitas. Seu estado foi piorando: vomitava, tinha visão dupla e pouco a pouco foi perdendo o equilíbrio e a coordenação motora. Procurou um hospital e fizeram tomografia do cérebro, que revelou uma massa escura na parte inferior, de dimensões maiores que um limão. Estava com tumor no cérebro, confirmado através de biópsia, que revelou ser um câncer maligno e de crescimento rápido. Os médicos informaram que, mesmo com o máximo de tratamento para que o tumor regredisse, não havia possibilidade de cura total, só que isso seria melhor do que nada. O paciente não aceitou tal opinião, embora fosse baseada em estatísticas. Mudou-se para a Califórnia e começou a participar de um grupo de meditação. Encorajou-se e adotou uma atitude positiva em relação à sua condição. Esperançoso e ansioso, ele voltou a Michigan e fez nova tomografia que não mostrou sinais de existência de câncer e tampouco vestígios de algum no passado. Os médicos explicaram o acontecido como troca de tomografias e que o paciente com tumor era outra pessoa". (A Cura Quântica).

O Yogue Ramacharaca ensina este modelo de mentalização:

"Fale à mente como se falasse a uma pessoa, a uma criança, e diga-lhe as palavras que pensa que melhor possam convencê-la. Com um pouco de prática, você se tornará perito nisso..." (A Ciência da Cura Mística).

Um outro método é imaginar os Linfócitos T como se fossem dragões, de boca aberta, engolindo todas as células do câncer e limpando o terreno. Em seguida, recrie o órgão perfeito, saudável, funcionando em ordem e harmonia.

O Dr. Bernie Siegel conta uma história verdadeira, que aconteceu mais ou menos assim:

Em janeiro de 1983, o jardineiro e paisagista John Florio, de 78 anos, apareceu no consultório do Dr. Siegel, queixando-se de dores abdominais. A biópsia revelou câncer no estômago. O médico sugeriu cirurgia imediata, inclusive porque estava saindo de férias.

John olhou para o doutor e disse:

- Você se esqueceu de uma coisa.

- De quê?

- Estamos na primavera. Sou jardineiro-paisagista e quero deixar o mundo mais bonito. Assim, se eu sobreviver, será um presente, se não, terei deixado um mundo mais bonito.

Duas semanas após o final das férias, John apareceu no consultório do Dr. Bernie e disse:

- O mundo está lindo, eu estou pronto.

Na noite após a cirurgia, o homem estava incrivelmente bem, sem dor nem desconforto. Isto que os exames haviam revelado "adenocarcinoma pouco diferenciado, invadindo a parede gástrica e penetrando no tecido adiposo perigástrico. Margem proximal envolvida pelo tumor e comprometendo sete dos dezesseis nódulos linfáticos". Significava que sobrara um bocado de câncer depois da cirurgia.

O Dr. Siegel explicou-lhe que devia considerar a químio e a radioterapia para enfrentar o câncer residual.

- Você esqueceu uma coisa - cortou John.

- O que foi dessa vez? - perguntou o médico.

- Ainda é primavera, não tenho tempo para tudo

isso.

John estava bem-disposto. Saiu do hospital antes do tempo previsto.

Duas semanas depois, retornou ao consultório queixando-se de dores no estômago.

O doutor pensou: “Arre, é o câncer de novo!”

Era apenas um vírus de outro problema, que foi tratado.

Quatro anos passados, a secretária apresentou ao médico a ficha de John para uma consulta.

- Você deve estar enganada. O cliente que tratei, chamado John Florio, a esta altura deve ter morrido, com certeza.

- Não, não - exclamou ela - ele está aqui.

Siegel mostrou à secretária o laudo médico sobre a patologia de John, para convencê-la de que o John que ele conhecera não podia estar vivo.

Mas, foi ele mesmo quem entrou no consultório, para surpresa do médico.

- Não se esqueça que essa é a segunda visita pós-operatória. Quero saber o que se deve comer depois de uma cirurgia no estômago.

- Ora - respondeu Bernie - após quatro anos, qualquer coisa. Mas, e agora, qual é o seu problema?

- Estou com uma hérnia de tanto levantar pedras no meu negócio de paisagismo.

O médico fez a cirurgia ali no consultório mesmo, já que o homem não queria internar-se.

Passaram-se seis anos desde que isso aconteceu

e John comemorou festivamente seus 84 anos de idade.

Bernie Siegel termina o relato assim: "Não sei se o sistema imunológico eliminou o tumor ou se ainda está lá, tão satisfeito com a vida de John que está deixando o barco correr".

Quando você tem um forte estímulo na vida, irrompem energias nunca dantes imaginadas.

Visualize-se curado e fazendo aquilo que tem imenso prazer de realizar. Não há doença que resista à fé e ao entusiasmo.

Comece a levar uma vida alegre e descontraída.

Você merece viver.

Sinto muito o que lhe aconteceu. Sinto mesmo.

Mas, agora, mostre o amor que tem para consigo mesmo e viva com amor e felicidade.

Aceite o diagnóstico mas rejeite o veredicto. Você, na verdade, é filho de Deus perfeito.

Estou com você nessa sensacional batalha da saúde. Querer é poder.

Pode quem pensa que pode.

Sinta-se como se estivesse curado e ficará curado.

Transmita a mensagem da saúde para o seu subconsciente. Tudo o que o subconsciente aceitar como verdade, realizará. Só o que você tem a fazer é criar a realidade mental da saúde perfeita. Para isso, relaxe todo o corpo, respire várias vezes, imagine-se em contato com a Força Curadora, irradie Luz Divina Curadora; ou imagine que você está limpando o órgão e o corpo todo. Dê ordem aos vírus para que se retirem desde já, pois o lugar deles não é no seu corpo.

Visualize o órgão e o corpo funcionando na justa e reta ordem divina.

Assim é e assim será.

Capítulo 18

COMO LIBERTAR-SE DE HÁBITOS NOCIVOS À SAUDE

Qualquer hábito negativo é altamente prejudicial à saúde. Se é nocivo, não há nenhuma vantagem em cultivá-lo.

Certa vez, me perguntaram, numa entrevista de televisão, que fazer para superar um hábito nocivo arraigado. Respondi que uma ideia mais alta derruba um hábito mais baixo.

Se não há uma motivação poderosa para acabar com qualquer vício, tudo fica mais difícil.

Quem consegue acabar com o hábito de longos anos de bebida, cigarro ou droga? Aquele que se apossou de um ideal arrebatador.

Se não existir uma força interior excitante, o indivíduo desatinado pode baixar a uma clínica para desintoxicação, ou tentar seguir um impulso de boa vontade, mas faltará a energia poderosa e irresistível que o seduza mais do que o hábito nefasto.

O que faz com que a pessoa retorne ao vício, apesar das tentativas de libertação e apesar do sofrimento, é a falta de uma contraforça maior.

Há pessoas que perambulam pelas esquinas da vida, na maior vagabundagem, desprezando qualquer responsabilidade, até o momento em que se veem tomadas por um fascinante projeto de vida. Não raro, pais, familiares e amigos se surpreendem com o moço ou a moça que, de repente, muda de vida e arranca para o sucesso, com determinação inacreditável.

Uma ideia mais alta derruba um hábito mais baixo.

Há inúmeros exemplos de pessoas inúteis que, em certo momento da vida, deram uma guinada de cento e oitenta graus e atingiram altas esferas sociais, econômicas, literárias, espirituais ou políticas.

A força de uma ideia, incendiada pela fé e pelo entusiasmo, rompe barreiras e segue em frente.

Um ideal grandioso, tomado pelo entusiasmo e pela empolgação, levanta a mente, leva o cérebro a liberar hormônios que produzem prazer, excitação, alegria e imensa energia. Como uma avalanche avassaladora, essa nova vida derruba qualquer obstáculo e segue vitoriosa para frente.

Lembre-se: nada melhor para acabar com problemas de desvios comportamentais do que fazer a pessoa descobrir um projeto ou uma meta capaz de virar a cabeça... positivamente.

Uma ideia mais alta derruba um hábito mais baixo.

COMO ACONTECE O HÁBITO

Todo hábito, positivo ou nocivo, é resultado de repetição.

Como diz o velho ditado: "Água mole em pedra dura tanto dá até que fura".

É o que ocorre com o hábito. De tanto repetir uma situação, o subconsciente acaba programando-a no computador da mente, de tal forma que, toda vez que houver um momento semelhante na realidade física, ou por associação de ideias, a pessoa sente ímpeto compulsivo de fazer novamente.

O fumante, se vê um cigarro, ou propaganda de determinada marca, ou quando chega a hora que costuma fumar, ou em situações que lhe apetece fumar, ou se enxerga alguém fumando por perto - acaba também pegando cigarro compulsivamente.

Há pessoas que sempre se irritam por qualquer coisa e, então, qualquer coisa as torna irritadas. Hábito da irritação.

É incalculável o número de indivíduos habitualmente negativos. Alguém tem uma ideia? Ele é contra. É um hábito.

Outro hábito muito infelicitante é o da bebida.

Certa vez, perguntaram a um homem, qual, das três hipóteses, ele preferia, se fosse obrigado: bater na mãe, perder o emprego, ou fazer um porre.

- Fazer um porre, porque é menos prejudicial.

O homem fez um porre, chegou em casa e bateu na mãe, e ainda perdeu o emprego por faltas e mau comportamento.

Não é preciso falar sobre os males do fumo, da bebida, da droga.

São desgraças conhecidas de todos. Andersen conta esta história:

Sally era alcoólatra. Tinha casado e divorciado, e também havia perdido a custódia dos filhos. Ela teria sido a primeira a admitir que fora a bebida a causa de sua derrota; mas, na verdade, a causa não era a bebida, e sim sua impressão de não ser amada. Logo que se casara, o marido lhe havia dedicado todas as atenções de que ela, com seu ego inseguro, precisava: flores todos os dias, um vestido novo cada semana, declarações de afeto de manhã, ao meio-dia e à noite; mas, à medida que o tempo passava e o casamento se ajustava, ficava furiosa. Tinha certeza de que o marido não a amava. Ficou com ciúmes de seus negócios, suas associações, seus hobbies, seus interesses; cada um desses fatores parecia deprimi-la de alguma maneira, afastando o amor. Quando vieram os filhos, ela procurou, a princípio, encontrar o afeto de que precisava na dependência infantil deles, mas aqui também foi decepcionada. Passou a beber durante as tardes e logo descobriu que o álcool aliviava a dor da solidão e da insegurança. Pouco depois, já estava bebendo durante as manhãs também e não demorou a ser dominada pelo álcool. Quatro anos após o casamento, o marido de Sally foi forçado a mandá-la para um sanatório de alcoólatras.

Gradativamente, ela foi deixando da bebida. Chegou um dia em que ela não mais sentia essa ânsia tão ardente. Então foi iniciado o longo trabalho de reabilitação psicológica. A impressão subconsciente que Sally tinha de não ser amada foi claramente entendida, mas era difícil tocá-la neste ponto, descobrir, por assim dizer, as experiências que a haviam levado a ter esse sentimento. Finalmente decidiu-se fazer uma tentativa religiosa. Em toda a sua vida, Sally nunca tinha posto o pé numa igreja. Quando lhe sugeriram que frequentasse a igreja, ela achou graça.

- Talvez eu seja louca, mas imbecil não - disse ela. O que faz você pensar que eu engoliria a porcaria que se ensina nas igrejas?

- O que faz você pensar que é porcaria? - perguntaram.

Ela fez um gesto de recusa com a mão.

- Todas essas histórias, essa gente ressuscitada, andando sobre as águas. Isso não passa de conto de fadas para crianças.

- Muitos adultos acreditam nelas.

- Eles estão apenas enganando a si mesmos. Afinal, que significa tudo isso? Alguém inventa histórias e funda uma Igreja que enriquece tomando dinheiro dos pobres. Aí está a resposta.

- Há outra resposta, Sally.

- E qual é?

- O amor de Deus pelo homem.

- Você fala do amor de Deus, mas nem sequer pode provar que existe Deus.

- Acho que posso.

- Então prove.

- Está bem. Quero que você passe a noite pensando no que você é. Você não vai estar imaginando-se como Sally, como nascida de determinados pais, como tendo determinadas experiências, amigos, e um determinado tipo de formação. Imagine-se apenas como um ser existente, consciente. Pense no cenário da vida - a terra, o céu, as árvores, as flores, os rios, o momento e o drama das pessoas. Depois pense em não existir e tente sentir, de alguma maneira intuitiva, que o cenário da vida também não existe. Se você tiver sorte, terá um momento de visão mística. Então, você saberá quem você é. Então, você saberá que existe um Deus e também conhecerá seu amor.

Sally escutou com ceticismo, mas concordou em fazer uma tentativa. Ela disse que só ia fazer aquilo porque estava disposta a tentar alguma coisa; mas, em sua atitude, notava-se um certo alerta, como se, no fundo, tivesse despertado. Três dias depois, ela desapareceu da instituição.

Sua pista foi seguida até uma cidade grande; lá foi perdida. Seu marido fez apelos em público para que ela voltasse, mas tudo em vão. Passaram-se seis meses; então, ele recebeu uma carta dela, vinda de outro extremo do país. Ela dizia que estava bem e que logo estaria de volta em casa. Várias semanas depois, chegou radiante e sorrindo de saúde e vitalidade. Lançou-se nos braços do marido, o que nunca tinha acontecido antes, durante sua vida de casada.

Quando todo mundo acalmou-se, ela contou o que acontecera.

- Finalmente descobri o que sou - disse. - Eu tinha chegado ao extremo de minha existência, às profundezas da degradação; então, me sugeriram que eu meditasse sobre quem eu realmente era. Não tenho palavras para descrever o meu espanto, meu êxtase absoluto, quando descobri que meu próprio espírito animador era o próprio Deus, que Ele e eu, num sentido espiritual, éramos um só. Compreendi que o chamado havia chegado. Deixei o sanatório, porque eu tinha que ficar a sós, para fazer esta descoberta total de mim mesma. Agora voltei porque a descoberta está completa. Sou inteira agora, uma unidade com Deus, finalmente capaz de amar". (O Segredo dos Segredos).

O hábito da droga é o arco-íris da ilusão. A sensação atrativa é o começo, incentivado pelos traficantes até viciarem a vítima, que há de encher-lhes os bolsos. Feito o vício, a queda é compulsiva. O infeliz se deu conta da arapuca, mas não consegue mais deixar. Sente a sua desgraça, o sofrimento dos pais, as consequências desastrosas, mas não tem forças para sobrepujar. Nesta altura, a desgraça é maior do que o surto de euforia, altaestima e poder, que ocorre por breves momentos.

Quer deixar, mas como?

Os traficantes estão em cima, com ofertas especiais; os amigos viciados zombam de sua caretice e insistem para que volte ao mesmo barco; e a impulsividade soma-se a todas essas solicitações. Um problema complicado. Agora o viciado é um doente, que necessita de assistência, de amor, de disciplina, de energia e de um bom círculo de verdadeiros amigos, incentivadores na sua batalha de libertação.

Certa vez, eu realizava Jornada da Mente numa cidade gaúcha, quando, no intervalo da primeira sessão, veio a mim um rapaz drogado, pedindo devolução do dinheiro do ingresso, porque a Jornada não era o que ele pensava.

Disse-lhe que recém estava no início do programa.

- Mas eu quero ir embora, por isso me devolva o dinheiro.

Respondi-lhe:

- Você ainda não pode tirar conclusões. Você viu o programa, que está sendo seguido em cada sessão. Se, ao final da Jornada, não acontecer o que lhe foi prometido, devolveremos o seu dinheiro.

O rapaz retirou-se desanimado.

No intervalo da segunda sessão, voltou a pedir o dinheiro de volta.

- Não estamos nem na metade da Jornada - expliquei-lhe. - Assista até o final. Se não for o que você espera, devolveremos o seu dinheiro.

A minha intenção era fazer com que o moço participasse da Jornada até o fim, porque, então, as chances de deixar o vício seriam maiores.

Não vi mais o rapaz.

Dias depois, recebi uma carta desse moço. Estava radiante. Contou, na carta, que agora sim tinha se libertado da droga, tinha arrancado a máscara, e estava muito feliz. Relatou que já tinha sido internado duas vezes e, na segunda-feira após a Jornada, seria internado novamente. Estava muito feliz.

Como escrevi no início deste capítulo, uma ideia mais alta derruba um hábito mais baixo.

Nada resiste a um grandioso ideal, à vontade veemente de realizar um projeto apaixonante. A oxitocina, somada à endorfina, liberadas pelo cérebro nessas circunstâncias, exercem efeito muito mais delicioso e compensador do que os efeitos dos químicos exteriores. Estes produzem sentimento de culpa, complexo de inutilidade, depressão e sensação de solidão, ao passo que um grandioso ideal empolgante deixa a pessoa feliz e realizada.

As Fazendas Bom Jesus buscam curar os drogados com espiritualidade, reuniões de mútua-ajuda, trabalho, e boa convivência fraterna. Jesus Cristo é a força libertadora. São raros os que retornam, posteriormente, às drogas.

Conheci homens alcoólatras que, convertidos por alguma religião, deixaram a bebida e até alguns tornaram-se pastores.

O famoso psicólogo norte-americano William James, disse que, aos 25 anos, somos um "pacote de hábitos". Se forem bons, teremos saúde perfeita. Se maus, passaremos a vida colecionando indisposições, enxaquecas e dores as mais diversas.

Acentua William que os fatores para uma boa saúde são hábitos tão comuns que você pode não estar dando a eles a devida importância.

Geralmente, quem bebe não reconhece que é alcoólatra. Sempre diz que bebe quando quer e pode parar de beber quando quiser, por isso não é alcoólatra. E continua bebendo.

Até que se poderia dedicar a eles essa piada de Eduardo José Cursino Mantoani Santos:

"Eu tinha lá em casa dez garrafas de cachaça, da boa. Mas minha mulher obrigou-me a jogá-las fora. Peguei a primeira garrafa, bebi um copo e joguei o resto na pia. Peguei a segunda garrafa, bebi outro copo e joguei o resto na pia. Peguei a terceira garrafa, bebi o resto e joguei o copo na pia. Peguei a quarta garrafa, bebi na pia e joguei o resto no copo. Peguei o quinto copo, joguei a rolha na pia e bebi a garrafa. Peguei a sexta pia, bebi a garrafa e joguei o copo no resto. A sétima garrafa eu peguei no resto e bebi na pia. Peguei o copo, bebi no resto e joguei a pia na oitava garrafa. Joguei a nona pia no copo, peguei na garrafa e bebi o resto. No décimo copo, eu peguei a garrafa no resto e joguei-me na pia". (Seleções).

Ainda bem que se jogou apenas na pia. O pior é

se tivesse jogado a cirrose no fígado e o caixão na sepultura.

Eliminar um vício requer intenção muito forte, por duas razões: primeira, porque o vício possui a atração inebriante; segunda, porque o hábito incita a repetição.

Mas, para contrapor a isso, você tem o poder capaz de remover montanhas.

COMO ELIMINAR HÁBITOS NOCIVOS

Para eliminar qualquer hábito prejudicial, basta seguir positivamente o mesmo caminho percorrido para criar o vício.

Qualquer mensagem que o subconsciente aceitar como verdade, tornará verdade.

O método comum pelo qual as pessoas costumam libertar-se de vícios é através da força de vontade, da luta, do bom combate. É método válido, mas exige esforço, sacrifício, enfrentamento da síndrome de abstinência.

O famoso cantor Nelson Gonçalves trancou-se em sua casa durante dias e não saiu até que se viu aliviado do vício e da síndrome de abstinência da droga. Foi uma luta terrível que ele superou porque se decidiu irredutivelmente a vencer a droga.

Mas, libertar-se pelo Poder da Mente não exige sacrifício e nem agonia, porque a pessoa não se liberta através da ação da mente consciente, volitiva, mas por meio da ação da mente subconsciente.

A mente subconsciente não exige luta, sacrifício, sofrimento, mas uma ideia acreditada.

O uso da visualização ou da imaginação é método valiosíssimo, porque sensibiliza o subconsciente. Como o subconsciente não distingue entre imagem e realidade, apanha a imagem e a transforma em realidade.

Imagine o fim desejado, sinta-o como realidade perfeita e acabada, sem esforço, mas com fé tranquila, e o subconsciente acatará a mensagem, materializando-a.

Quando você visualiza-se liberto do hábito, feliz, dando graças a Deus, a inteligência quererá interferir, negando a possibilidade, mas você persista nessa verdade mental, confiantemente, que esse é o caminho. Repita a mentalização várias vezes ao dia. Verá o resultado fantástico. Mudar-se-á a programação subconsciente e desaparecerá a fixação anterior, cedendo lugar a essa nova realidade. Sem sofrimento e sem sacrifício.

É importante você persistir na mentalização até criar a verdade mental, quando, então, tornar-se-á verdade física pela ação do subconsciente.

Como dizia Andersen, "nós nem sequer podemos evitar que nossos pensamentos e nossas crenças se tornem verdades em nossa vida".

Lembro o grande sábio da bíblia Salomão:

"Assim como imaginou na sua alma, assim é".

Dentre os CDs que gravei, com relax para entrada em nível alfa, e programações para as várias finalidades da vida, há uma para emagrecer, outra para deixar de fumar, outra para os medos, assim por diante. Os resultados são verificáveis, porque toda mensagem gravada no subconsciente, e por ele aceita, substitui a existente e realiza o conteúdo da mesma.

Como não podem subsistir dois contrários ao mesmo tempo, se deixou de fumar, por exemplo, já não continuará fumando; se o subconsciente está programado para o desinteresse pela droga, já não haverá a tendência para o consumo delas.

Esse é o mapa da mina: a libertação de qualquer hábito pela programação subconsciente. Tenho testemunho de pessoas que deixaram de fumar, de beber, das drogas, através deste método. Também pessoas emagreceram pela mentalização.

Conheci uma moça, há anos, que me pediu uma fitacassete com mentalização para ser ótima professora de matemática. Como ela fumava muito, incluí na fita também mentalização para deixar de fumar e entreguei-lhe a cassete. A jovem ficou brava porque não pretendia deixar de fumar. Respondi que fizesse o que quisesse com a fita, que era dela. Pois bem, ela passou a mentalizar a fita porque estava interessada nas qualidades necessárias a uma professora de sucesso. Resultado: deixou de fumar.

Quer a pessoa deseje ou não deixar as drogas, por exemplo, se mentalizar, em relax, a eliminação do vício, no momento em que o subconsciente aceitar a mensagem como verdade, executá-la-á.

Pela mentalização, pratica-se a imaginação, que é a forma mais poderosa para acionar o poder interior. Aliás, as indústrias de cigarros sabem disto.

Os anúncios de cigarros fazem você imaginar-se vigoroso como cavalo de raça, forte como Tarzan, charmoso como galã de cinema, irresistível como uma miss, conquistador como algum personagem arrasador, rico como alguém velejando em luxuoso iate. Imagens atraentes para cima de você. Associam a imagem à marca daquele cigarro. Ao fumar, você, consciente ou subconscientemente, assume a fantasia que lhe é gravada na mente.

Use o mesmo método para libertar-se de qualquer hábito nocivo e estará sensibilizando o subconsciente nessa direção.

Quando incitam você às drogas, não lhe dizem que isso é um inferno, que é desgraça para a saúde, que abate as energias sexuais, que deixam você prostrado e sem vontade para nada, que o isolam socialmente, que deterioram sua vida, que o escravizam, que farão perder o emprego e a vida... Pelo contrário, o canto da sereia é que usar droga é legal, charmoso, paraíso, é viver a vida intensamente, curtir a felicidade, sentir-se alguém, exacerbar a criatividade e a autoestima e que não faz mal coisa nenhuma. E ainda tentam mexer com os brios dizendo que os que não usam droga são bregas, piegas, beatos, caretas.

Essa cantilena confunde e cativa principalmente adolescentes e jovens, que ainda estão se firmando na vida.

Mas, por pior que seja o vício, tudo tem solução.

Ninguém é condenado a carregar seus males pelos séculos dos séculos. Toda hora é hora de curar-se e ser feliz.

A melhor e mais saudável maneira de colocar um arco-íris na cabeça é pela mentalização. A maneira ideal de levar o cérebro a liberar oxitocina (hormônio do prazer) e endorfina (hormônio do alívio e do bem-estar) é pela alegria, pelo riso, pelo amor, pelo sexo, pela criação de metas empolgantes e pela autorrealização.

Se você está metido em problemas dessa natureza, não desanime. Não se diminua. Não se julgue incapaz. Também não fique jogado nos porões da vida, como vítima abandonada à própria sorte.

Você pode libertar-se. Seja vencedor.

Mostre a si mesmo que está acima de qualquer barreira e use sua energia poderosa para vencer. Agora, é vencer ou vencer. Muitos puderam, em situação pior que a sua, você também pode.

Houve grandes cantores de bandas famosas que morreram de overdose, mas conheço outros tantos que, num momento em que a vida, o sucesso e a paixão pela música fugia-lhes das mãos, resolveram decididamente dar um basta às drogas e hoje são novamente ídolos em ação.

Você não é menos do que ninguém.

Quando alguém está se afogando, de duas uma: ou se entrega e morre, ou faz esforço sobre-humano e se salva.

Existe uma energia de reserva em você que, quando acionada, faz milagres.

Esta é a hora do seu milagre.

Grite um BASTA capaz de sacudir as estrutura celestiais e deixe o passado para trás, começando o melhor da sua vida.

Estou com você. Carinhosamente. Parabéns.

Você merece um monumento. Mais do que os heróis da pátria. Porque você é o grande herói do seu microcosmo.

Viva!

Capítulo 19

PREOCUPAÇÕES ATENTAM CONTRA A SAÚDE: LIVRE-SE DELAS

Foi-se o tempo da vida campesina tranquila, sem ruídos, sem agitação, em que as pessoas dormiam com as galinhas e levantavam com o cantar dos galos.

A vida moderna coloca você num mundo de solicitações, exigências, necessidades, urgências, emergências e compromissos.

Cada dia somam-se as questões que batem de frente na cara e você precisa tomar decisões.

O acúmulo de preocupações gera acúmulo de problemas, que obrigam o cérebro a liberar adrenalina e mais adrenalina.

Como isso é coisa de todos os dias, essa pauleira acaba deteriorando a saúde e você envelhece prematuramente.

- Que fazer? - perguntará você. - A vida é essa e quem está na roda tem que dançar.

A vida não é assim. Apenas a sua vida está sendo assim. Mas, está mal administrada.

É bom ver o que o maior de todos os mestres disse sobre o assunto:

“Não vos preocupeis com o dia de amanhã. Não vos preocupeis com o que haveis de comer e com o que haveis de vestir. Olhai as aves do céu, que não semeiam, nem colhem, nem guardam em celeiro e, no entanto, vosso Pai que está nos céus lhes dá de comer. Olhai os lírios do campo, que não tecem nem fiam, entretanto nem Salomão com toda sua pompa se vestiu tão lindamente quanto essas plantas, que hoje existem e amanhã são lançadas ao forno. Se vosso Pai dá de comer às aves do céu e dá de vestir aos lírios do campo, quanto mais a vós, homens de pouca fé, vos dará tudo que haveis mister”.

Na sabedoria do Mestre está a resposta da vida. Preocupação não soluciona problemas; pelo contrário, complica tudo.

Preocupação é agressão à saúde. Preocupação rouba a alegria de viver. Veredicto: fora com ela.

Como?

Certa vez, um relógio começou a preocupar-se com sua vida. Fez um cálculo a bico de pena e chegou à triste conclusão de que devia bater duas vezes por segundo, 120 vezes por minuto, 7.200 vezes por hora, 172.800 vezes por dia, 63 milhões e 72 mil vezes por ano, 630 milhões e 720 mil vezes em dez anos. O relógio se desesperou. Jamais poderia suportar o peso de tanto trabalho. De repente, teve um ímpeto de sabedoria e ponderou: “Posso não conseguir bater 630 milhões de vezes em dez anos, mas posso bater duas vezes neste segundo. E começou a bater, continuou batendo, e prossegue batendo há vinte anos.

Não amontoe preocupações porque parecerão insuportáveis. Mas, comece a fazer uma coisa de cada vez desde agora, distribuindo as prioridades.

Segundo dizem os entendidos, 80% das energias de toda a humanidade e 80% das riquezas do mundo são desperdiçadas em preocupações e temores desnecessários.

Jesus recomendava: "Deixe a cada dia a lida de cada dia."

Despreocupe-se, acalme os nervos, alivie as tensões, faça uma coisa de cada vez.

Um homem queria comprar um papagaio que fosse muito especial.

O vendedor explicou-lhe:

- Temos aqui um papagaio extraordinário. Inteligentíssimo. Se você levantar a pata direita, ele fala alemão; se levantar a pata esquerda, ele fala inglês.

- E se levantar as duas patas? - perguntou o comprador.

- Eu caio, seu idiota? - resmungou o papagaio.

Se você pretende fazer todas as coisas ao mesmo tempo, cairá. Não é atitude saudável e nem inteligente.

Intercale horários de trabalho com horários de pausa. Depois de intensa fumaceira no cérebro, para a tomada de decisões, saia um pouquinho por aí, dê uma caminhada de alguns minutos, e voltará mais energizado para prosseguir as atividades.

Diz o sábio ditado que quem tudo quer, tudo perde. Não deixe de folgar nos fins de semana. E programe suas férias, que você não é de ferro.

Diz a bíblia que o espírito é forte, mas a carne é fraca, quer dizer, o corpo tem seu ritmo, que deve ser obedecido.

Ouvi, certa vez, esta história contada por um cientista que passou alguns anos entre os selvícolas do norte da Amazônia. Uma vez, ele fez uma marcha forçada com os índios através da floresta. Nos dois primeiros dias, a caminhada foi rápida e vigorosa, mas, ao anoitecer do terceiro dia, quando deviam recomeçar a marcha, os índios permaneciam de cócoras, aspecto grave, esperando alguma coisa.

O chefe do grupo explicou ao cientista:

"Eles não podem ir adiante enquanto suas almas não alcançarem seus corpos".

Quantos anos seu corpo já anda na frente da sua alma?

Melhor perguntando: Quantos anos sua mente caminha adiante do corpo, que já não aguenta o cansaço?

Evite excessos, preocupações, angústias, medos, porque baixam as energias físicas e prejudicam o organismo.

A cada dia as coisas de cada dia. Está bem?

Lembre-se do antigo ditado: "Devagar se vai ao longe".

Quero vê-lo saudável, tranquilo, em paz, feliz, cheio de energia, com saúde para dar e vender. Combinado?

Capítulo 20

ACABE COM OS MEDOS

Os medos são situações mentais que perturbam a harmonia orgânica.

Há medos herdados dos pais, outros contraídos na infância e ao longo da vida.

Algumas experiências frustrantes e desastrosas também podem ter gerado programações de medo no computador do subconsciente.

Quase todos os medos são prejudiciais, porque não permitem que o organismo se expresse livremente. E você, vítima de medos, não consegue deslanchar a sua vida.

Há multidões de medos no cardápio subconsciente de quase todas as pessoas. Impedem a plenificação da vida e complicam a saúde.

Emoções de medo agem sobre o cérebro, que estimula a pituitária a liberar hormônios que vão atuar sobre as glândulas suprarrenais que, por sua vez, fazem o fígado derramar açúcar no sangue para uso dos músculos. Os pulmões produzem respiração ofegante e acelerada, aumentando o oxigênio no sangue e eliminando o bióxido de carbono. O coração bate mais rápido, a pressão sanguínea sobe impulsionando energia através do sangue para as pernas, predispondo para a fuga. Já os sentimentos de ódio impelem a energia para os braços a fim de preparar o corpo para a luta.

Em certas circunstâncias, um tanto quanto raras, o medo pode resultar em defesa da vida. Mas, pelas profusões de medos multiplicados a cada dia, o processo orgânico acaba combalindo o sistema imunológico e permitindo a proliferação de enfermidades.

COMO SUPERAR OS MEDOS

Antes de tudo, admita que o medo é pensamento negativo muito emocionalizado de alguma coisa que você pensa que vai acontecer e que, por isso mesmo, tende a realizar-se.

O famoso personagem bíblico Jó, ao cair em desgraça, exclamou, depois de perder tudo:

"O que eu mais temia me aconteceu".

Você sabe que todo pensamento acreditado se realiza.

Por todas as razões, queira espantar os medos de si.

Como?

Antes de tudo, reconhecendo que Deus habita seu

íntimo e você e o Deus interior, são a força todo-poderosa contra a qual nada nem ninguém pode.

Diz a bíblia: "Ninguém lançará mão de ti para te fazer mal".

Em segundo lugar, formule uma frase que seja o contrário do seu medo e mentalize-a muitas vezes por dia. Toda palavra acreditada produz a realidade do seu conteúdo. Assim, sumirá o medo. Por outro lado, é sabido que a repetição é método forte sobre o subconsciente, levando-o a sensibilizar-se.

Eu sempre sugiro às pessoas que decorem a oração de proteção divina constante no salmo 90 da bíblia. (Ou 91, para outras bíblias).

Passando para a primeira pessoa, pode-se dizer assim:

"Nenhum mal há de chegar perto de mim;
Nem a desgraça baterá à minha porta,
pois o Senhor deu uma ordem aos seus anjos
para, em todos os caminhos, me guardarem".
Neste mesmo salmo, Deus fala:
"Ao invocar-me, eu ouvirei e atenderei".
Não é preciso dizer mais nada.
Seu corpo agradece.

Capítulo 21

CURE A INSÔNIA

Uma grande parte da humanidade - talvez você também - sofre de insônia.

Como o sono é a terapia natural, necessária para a recuperação das energias gastas durante a atividade diária, a insônia provoca estragos perigosos no organismo.

O insone tem dois caminhos: ou padece a desgraça da noite indormida, ou busca a solução em soníferos.

Como as noites insones são insuportáveis, sobra a corrida para os soníferos, o que faz dessa indústria farmacêutica uma das mais prósperas da terra.

Mas, o sono artificial não é saudável. Como diz o outro, é apenas um quebra-galho. Ficam consequências estressantes. O insone aceita essas consequências porque pensa assim: “Dos males, o menor”.

PORQUE VOCÊ NÃO ADORMECE

Para você pegar no sono, é necessário que o ritmo cerebral baixe a uma média de quatro ciclos por segundo, ou menos.

Ocorre que a pessoa nervosa, agitada, preocupada, angustiada, estressada, deprimida, irritada, perturbada, traumatizada, agredida, agressiva, fixa a mente nessa situação e, com isso, o ritmo cerebral mantém-se numa média de vinte e um ciclos por segundo, que corresponde a estado de vigília.

O que acontece quando a pessoa, nessas condições, vai para a cama? Permanece com a mente ligada, conversando consigo mesma, analisando, brigando, raciocinando, prevendo, discutindo com a sua desgraça. Ora, o cérebro continua trabalhando, num ritmo de vinte e um ciclos por segundo, ou mais. Dormir exige baixar a ciclagem para quatro. Aí está a dificuldade de pegar no sono. Como pode? Só se conseguisse o milagre de dormir acordado. Seria a mesma história daquela mulher que disse que estava mais ou menos grávida.

Para adormecer, é necessário que você baixe o ritmo cerebral. O cansaço da atividade diária já é condição normal e primeira para tanto.

Se a mente está tão exacerbada a ponto de superar o cansaço do dia, resta a busca de uma estratégia que produza o sono.

Produzir o sono significa fazer baixar o ritmo cerebral.

MÉTODOS NATURAIS PARA ADORMECER

O relax é um ótimo método para baixar o ritmo cerebral, conduzindo você na direção do sono.

Mesmo que você não durma, o efeito do relax profundo é até mais saudável do que o próprio sono.

O relax leva você, antes de tudo, a desligar-se do problema causador da insônia. Você começa se concentrando em cada parte do corpo. Visualize a parte do corpo e mentalize que está relaxando, descontraindo, soltando-se. Com isso, o ritmo cerebral vai baixando cada vez mais. Não admira que, antes de terminar o ritual do relax, você já esteja dormindo como um anjo.

Escreveu o Dr J.Stival, em seu livro O Relax Psíquico:

"O relax psíquico e somático imita a tal ponto as condições do sono natural, que o mesmo se torna a preparação imediata para o próprio sono. De fato, uma vez relaxado o corpo e a mente, o sono não tarda a vir espontaneamente. E o indivíduo passa, sem o perceber, do repouso voluntário da relaxação para o espontâneo do sono".

Comenta o Dr Stival:

"O deprimido que sofre de insônia é, antes de tudo, um descrente de suas próprias possibilidades. Diga-se-lhe, então, que a relaxação é quase igual ao sono natural, quanto aos efeitos, dando-lhe a certeza de que tão salutar remédio está ao seu alcance. Destes esclarecimentos e desta convicção, resulta um extraordinário reforço de sua confiança em si mesmo, o que é meio caminho andado no sentido da cura".

Há literatura que afirma que o relax produz efeitos superiores ao sono. Portanto, se você sofre de insônia e acorda mal-humorado, estressado, irritado e imprestável, saiba que o relax resolve o problema. Com a vantagem de que, pelo relax, você já está a caminho do sono, já que o ritmo cerebral vai baixando cada vez mais.

Uma maneira simples de relaxar é através de CD. Neste caso, nada mais você tem a fazer do que escutar e fazer o que ouve.

Os cientistas descobriram que dar umas gostosas gargalhadas antes de ir dormir é remédio seguro contra a insônia. Tem explicação: à excitação geral do metabolismo do corpo sucede-se o relaxamento total, que, por sua vez, conduz ao sono.

Há pessoas que usam um método muito prático para adormecer: contar carneirinhos ou rezar o terço. A repetitividade monótona da mesma coisa, é um grande sonífero. Tem gente que se deita, começa a rezar o terço e acorda de manhã, numa boa, sem ter concluído sequer uma dezena.

A insônia pode ser provocada pela fixação da mente no fracasso, no falecido, na desgraça, na injustiça, na separação, na violência, na ofensa, na desconsideração, coisas do gênero. A estratégia para vencer essa situação é desviar a mente daquilo que a mantém acesa. Quanto mais você luta contra a insônia, mais ela se fortalece. A solução está em simplesmente desviar a atenção, pensar noutra coisa, por exemplo, ler um livro meio chato, ou ver televisão deitado na cama. Como o cansaço é superior ao atrativo do que você está fazendo, acabará pegando no sono naturalmente.

Lembre-se que a mente tem autonomia de ação sobre o corpo. Use-a para criar as melhores condições de sono.

Por outro lado, há calmantes naturais, que vão predispor você ao sono, como tomar uma xícara de leite morninho, chá de cidreira, um banho morno de imersão.

Procure evitar, tanto quanto possível, medicamentos para dormir, porque o problema permanecerá e cada noite terá que repetir a mesma coisa, com o agravante da dependência.

Talvez você ache que seu comprimido é indispensável. Não seja tão categórico assim, porque, se alguém fizer um comprimido de pão, igual aos que você ingere para dormir, e misturá-lo com os outros, quando você o tomar, ele produzirá o mesmo efeito. Chama-se placebo, que nada mais é que o resultado da sugestão.

Aproveite as condições excepcionais de sua mente para curar-se da insônia. Seu corpo vai obedecer, porque ele está doido para dormir. É você que não lhe permite o descanso. Colabore com o corpo, relaxando a mente pela paz de espírito.

Durma bem. Com saúde. Boa noite.

Capítulo 22

VELHICE NÃO É DOENÇA

O humorista Millor Fernandes disse, certa vez, que velhice é apenas preguiça de ser jovem.

Concordo com ele.

Lembro uma frase que li de V.S. Andersen: "A juventude é uma condição primária do espírito eterno e nenhum de nós envelhece a não ser que faça seu espírito inibir-se, impondo-lhe os males, as feridas e as derrotas do ego... Nos profundos recantos do seu ser sussurra a voz do seu Eu maior: Eu sou, eu sempre fui, eu sempre serei". (O Segredo dos Segredos).

Você é sua vida; sua vida é seu espírito; e seu espírito é eternamente jovem, porque é, por assim dizer, partícula vital do Espírito Infinito.

Todas as religiões, ao que eu saiba, admitem a crença de que o espírito nunca morre. Ele é a Vida por excelência.

Deixará de habitar o corpo quando não encontrar

mais condições de mantê-lo.

A Vida infinita se expressa no indivíduo pela mente. Esta faz a identidade de cada pessoa. A mente é o Eu, que é diferente do Tu. A mente é a expressão da identidade, da liberdade, da realização e da trajetória de cada pessoa. Ela criou o corpo, informa-o e controla-o.

A Vida, para tentar uma comparação, é como a água. Dela se formam os rios, lagos, oceanos, cada qual com sua configuração própria, com seu espaço, seu volume, seus limites, sua forma. E com sua denominação própria. Tirem os espaços daquele rio e ele não existirá mais. Mas, a água continuará existindo.

A vida humana é a mente individual formada pelo espírito e pelo corpo.

Se a mente não inibisse a ação do espírito, a vida perduraria pelos tempos dos tempos, até que o corpo, finito por natureza, se desfizesse.

Olhando pelo lado da ciência, os pesquisadores descobriram que o ser humano é a maravilha das maravilhas, feito de tal maneira que a Fonte vital vai renovando as células ad infinitum. Num ano, praticamente todas as células do corpo se renovam.

Se examinarmos apenas o corpo, perceberemos que, em determinado momento da vida, não se sabe porque, a programação vital é revertida e o organismo deixa de renovar-se. Por outro lado, os resíduos do oxigênio usado para a vida, acabam oxidando o corpo, o que se traduz em processo de degeneração.

Quando os cientistas bloquearem a programação

de degenerescência dos gens e eliminarem os oxidantes, teremos uma perspectiva natural de vida de duzentos anos em plena atividade.

Já dizia a sabedoria da bíblia:

"Na velhice darão ainda frutos, serão ainda cheios de seiva e de verdor". (S192, 14)

A MENTE AGE NO CORPO

Quando se analisa a trajetória da vida humana, não se pode desconsiderar o papel da mente.

É a mente que faz a dimensão da vida humana.

O corpo é vitalizado pela mente. Se a mente abandona o corpo, este se desintegra.

Ainda que mal comparando, se você tiver um lindo automóvel sem motor, ele não andará. Se o motor estiver falhando, o carro não poderá cumprir sua finalidade a contento.

A mente faz a vida do corpo, por isso impregna cada átomo do ser humano.

Fica fácil concluir que, se a mente for positiva, alegre, feliz, saudável, dinâmica, agradável, valorosa, otimista, idealista, corajosa, autoconfiante, o corpo será cheio de energia, dinâmico, jovem, vitalizado.

Se a mente for negativa, triste, deprimida, desanimada, irascível, odienta, magoada, feroz, pessimista, obscura, angustiada, temerosa, preocupada, insensível - afetará destruidoramente o corpo.

Recordo mais uma vez a sabedoria latina:

"Mens sana in córpore sano". A mente sadia faz um corpo sadio.

A mente positiva, confiante, cheia de belas expectativas, forma conluio com o espírito - Vida por excelência - e o corpo torna-se vitalizado por essa energia, mantendo a dinâmica da juventude.

Certa vez, falando num aniversário, acentuei essa ideia:

"A pessoa evoluída, no dia do seu aniversário muda os anos mas não muda a idade".

Idade é estado mental.

Como o espírito nunca envelhece, o indivíduo, pela lógica, não deveria envelhecer.

Juventude é estado mental. Não tem a ver com a soma dos anos e sim com o estado interior.

Uma vez, o netinho perguntou ao avô:

- Vovô, você é velho ou jovem?

O avô respondeu, com belo sorriso escancarado:

- Olha, meu netinho, eu sou jovem há muito tempo. Mente negativa deteriora a vida, apressa a velhice.

Certa vez, um homem escreveu para uma casa de modas: "Prezado senhor! Me informe, por gentileza, o que é que combina com as meias verdes, amarelas e vermelhas que ganhei de aniversário da minha mulher?"

Resposta da modista: "Um par de botas até os joelhos".

Meu caro amigo, na vida não tem nada que combine com seus pensamentos negativos. Se não servem para nada, tape-os, enterre-os, jogue-os fora.

O esforço que você faz para criar e manter pensamentos negativos, é o mesmo que se exige para criar e manter pensamentos positivos.

Pratique o pensamento positivo e você será jovem com qualquer idade.

Certa ocasião, depois de uma esplendorosa apresentação do brilhante pianista Padereski, um jovem se aproximou dele e disse-lhe, muito entusiasmado:

- Eu daria a minha vida para tocar como o senhor!

Padereski respondeu:

- Eu também dei a minha vida para tocar assim.

Como quererá você ter saúde, vitalidade, corpo jovem, se nada faz para criar energias positivas?

PROBLEMAS DA IDOSIDADE

Uma pessoa de boa idade, carrega um acervo imenso de experiências. Se a mente não foi educada positivamente, os depósitos conscientes e subconscientes formarão uma carga pesada e prejudicial.

A soma de fracassos, desilusões, ideais abandonados na poeira do tempo, sofrimentos e frustrações no amor, finanças em níveis alarmantes, desconsideração das pessoas aliada ao peso do corpo combalido, fazem muita gente pensar em velhice como desgraça necessária.

Nada disso é necessário.

Ninguém é condenado a carregar o passado, até porque o passado não existe.

Você é o que hoje for.

Já dizia Jeronimus, grande doutor da Igreja, lá pelos anos 400 da nossa era: "Comece a ser agora o que será daqui por diante".

Qualquer que seja sua idade, lembre-se que cada minuto é um milagre fantástico, que merece ser festejado condignamente.

Deixe o passado negativo para trás. Se você fica sentado na beira do caminho, chorando o leite derramado, não aproveitará o que restou na sua caneca.

A idade fez de você uma pessoa lúcida. A vida ensinou-lhe muito, porque ela é a melhor escola. Aproveite o que aprendeu de bom - é muito mais do que sabem os jovens - e comece a viver o melhor da sua vida.

PROBLEMA UM: SOLIDÃO

A idade não leva necessariamente à solidão, como muitos pensam.

Solidão é descarrilamento da vida.

Quando você vive de bem consigo mesmo, está vivendo no melhor dos mundos.

Dizia aquele velhinho desanimado: "Sou um homem só e mal-acompanhado".

Conviver plenamente consigo mesmo é festejar a própria vida em toda a sua dimensão positiva e, nessa alegria perene e serena, caminhar de olhos abertos por esse lindo mundo de Deus.

O jovem tem maior espaço físico e menor espaço

mental; o idoso tem menor espaço físico e maior espaço mental. Quer dizer, tanto um como o outro podem e devem viver otimamente, explorando o melhor de sua idade.

Ser sozinho é uma situação física, que, em si, não afeta a vida, pois esta é resultado da mente.

Ser solitário é ter mente negativa, obstruída, fechada em si mesma. É atitude mental, que causa sofrimento.

Como você comanda a sua mente, desde agora poderá deixar de ser solitário, criando estado mental positivo, alegre, otimista e autoconfiante.

O antídoto contra a solidão é a alegria de viver. É estado mental.

Os males da solidão são pesados, por isso vale a pena mudar os padrões de pensamentos.

Um dia, anotei, não sei de onde, esta afirmação:

"As células de uma pessoa não alegre são preguiçosas, fracas, sem energia. Um corte na pele de uma pessoa triste e infeliz, levará duas vezes e meia mais tempo para cicatrizar-se do que o mesmo corte numa pessoa feliz e alegre".

Felicidade não tem idade. E felicidade é saúde.

Felicidade é plenitude da vida e não passa de estado mental. Uma pessoa sozinha pode e deve ser feliz.

O indivíduo que sofre de solidão é o que não gosta de si, por isso é infeliz.

Algumas pessoas usam a palavra solitário como sinônimo de sozinho. Veja o sentido que é dado à palavra.

Viver solitário pode significar apenas viver sozinho, sem problemas de solidão. Antigamente, dizia-se que muitos monges e ascetas viviam solitários e felizes, em comunhão com Deus. Hoje, também há muitas pessoas solitárias (sozinhas) que estão de bem com a vida.

MAS O CONVÍVIO FAZ BEM

Embora a pessoa sozinha possa viver bem, dedicada ao seu mundo interior, ou à pesquisa, ou às artes, coleções, coisas assim, médicos, psicólogos e geriatras recomendam que as pessoas idosas tenham alegre vida social, visitem-se, formem grupos recreativos, ou culturais, ou religiosos, ou artísticos, ou filantrópicos.

A convivência com familiares e amigos faz um bem imenso ao idoso.

Ter possibilidade de jogar conversa fora com velhos conhecidos é uma coisa boa para essa idade.

Viajar, fazer turismo, é uma bela maneira de viver esse período gostoso e descontraído da vida.

Passar momentos com crianças, principalmente os netos, é uma das delícias da idade avançada e um dos prazeres da criançada.

Para as pessoas solitárias também traz benefícios afetivos a convivência com um cachorro ou um gato. Há idosos que transferem para o animal todo seu mundo carinhoso e sentimental, usufruindo, com isso, a convivência generosa e amiga desses bichos.

Pode-se citar, ainda, como altamente benéfica para a saúde, a dedicação a um trabalho apreciado.

PROBLEMA DOIS: ABANDONO

É preciso desfazer a velha crença negativa de que o idoso é uma pessoa abandonada, desassistida, impotente, descartada da sociedade.

Nada disso.

Você é o que pensa que é.

Só existe abandono quando a própria pessoa se abandona.

Por que sentir-se abandonado quando você é dono de si, autor dos seus pensamentos e sentimentos, proprietário da sua alegria, do seu riso, da sua felicidade, dos seus pés, das suas pernas, enfim do seu mundo?

Se os familiares não têm tempo ou vontade de estarem com você, isso é problema deles e não seu. Você não nasceu grudado nos familiares. Você é você.

Sinta-se bem consigo mesmo, projete sua vida, crie ideais, valorize-se e siga em frente.

Enquanto uns se queixam de abandono, outros reclamam que os familiares os vigiam incessantemente, cuidando dos mínimos detalhes, até da hora de ir dormir, da comida que devem ingerir, das roupas que devem vestir, como se fossem inválidos ou incapazes de autodeterminação.

Se você está sozinho, acredite que é melhor do que ser superprotegido a ponto de lhe tirarem os espaços e a liberdade, principalmente aquela invejável liberdade de cometer algumas infrações contra as recomendações médicas.

Ideias para não se sentir abandonado você as encontrará sob o título "Mas o Convívio Faz Bem". Releia-o.

PROBLEMA TRÊS: DEPENDÊNCIA

Se o ser humano, aos dezoito anos atinge a independência, quanto mais você que já passou dos sessenta.

É dependente quem assim se julga.

Determine o seu modo de ser, os seus afazeres, os seus programas, a sua filosofia de vida, os seus horários, as suas roupas e tudo o mais que lhe confere autonomia.

Acima de tudo, pense que dependência é estado mental. Até numa prisão a pessoa é livre para si mesma, porque ninguém conseguirá impedi-la de pensar o que quiser.

Livre-se de pensamentos de dependência, porque causam abatimento que, por sua vez, enfraquece o sistema imunológico.

Qualquer idade é idade de viver a vida plenamente.

Esta é sua melhor idade, porque é aquela que está vivendo.

Sorria para a vida e sinta-se maravilhoso.

PROBLEMA QUATRO: DECADÊNCIA

Não há equívoco pior para um idoso do que julgar-se decadente.

A dimensão da vida é dada pelo espírito, que é eternamente jovem.

Já citei Andersen, que disse que a juventude é uma condição primária do espírito eterno.

Juventude é estado mental. Você é tão jovem quanto pensa que é.

O sentimento negativo de decadência traz consigo, ainda que subconscientemente, o desânimo da vida.

Desânimo acaba combalindo as forças físicas.

Este livro, no entanto, tem a ver com saúde e não com doença.

Há pessoas que pensam que a idade envelhece o cérebro, produzindo esclerose e alienação.

Engano total.

Os cientistas já descobriram que o cérebro pode continuar desenvolvendo-se até mesmo em idade avançada, quando estimulado por ideias e situações que representem desafio e novidade.

Que desafios você pode fazer-se?

Medite e encontrará os seus desafios pessoais. Por exemplo, ler um livro especial, fazer uma viagem turística, visitar um familiar em outra cidade, criar uma obra de arte, caminhar dez quilômetros, tocar um instrumento, participar de um baile animado, ir à praia, lidar com computador, navegar na internet, aprender inglês, assim por diante.

Quais as novidades que podem excitar os dendrites do seu cérebro?

De repente, quem sabe, visitar um museu, um parque, ou aprender um idioma, dar uma aula de sua especialização, produzir alguma obra artesanal do seu gosto.

Não existe idade de decadência, porque seria uma idade inútil. Ora, Deus nada cria inútil. Se existe essa idade, existe uma razão superior para ela.

Procure qual o motivo divino da sua existência nessa idade.

Pronto, já estou vendo seu sorriso rejuvenescido.

PROBLEMA CINCO: DESOCUPADO

Desocupado?! Com tudo que aprendeu na vida ainda acha que não tem o que fazer? E esse mundo imenso de experiências que acumulou ao longo de tantos anos, nada tira daí?

Idade avançada é idade importante demais para que você fique à deriva.

Não cometa o equívoco de tantos idosos que vestem o pijama e sentam na cadeira de balanço à espera da viagem para a cidade dos pés juntos. Claro que assim vai surgir o sentimento de inutilidade.

Se existe a idade avançada no concerto da criação divina, é sinal que há uma finalidade grandiosa para ela.

Vamos, dê tratos à bola e projete alguma coisa boa que torne o seu tempo precioso e produtivo.

Fazer uma caminhada e conversar com amigos

no banco da praça já é uma bela finalidade existencial, uma vez que você está cumprindo a benéfica missão de alegrar seus dias e tornar felizes seus companheiros de jornada.

Aposentadoria significa apenas troca de atividade.

Nenhuma estrela do céu, por mais antiga que seja, deixa de brilhar.

PROBLEMA SEIS: LUTO

Nessa idade, há a possibilidade de ter perdido um ente querido, talvez sua esposa ou marido.

O sofrimento pelo vazio que a vida lhe traz, nessas circunstâncias, é natural. Mas não deixa de ser sentimento negativo e prejudicial. Trate de recolher suas melhores energias e superar essa fase amarga.

Os pesquisadores descobriram que o luto enfraquece o sistema imunológico por um ano. Também descobriram que a perda do parceiro pode favorecer o aparecimento de muitas enfermidades, inclusive o câncer é um sério candidato.

Deixe de pensar na morte. Pense na vida. Cada minuto é um grandioso milagre que merece ser comemorado.

Você não nasceu com seu companheiro grudado em você; também não necessita dele para continuar vivendo feliz nessa etapa amena da vida.

Busque todos os motivos para fortalecer seu sistema imunológico, ocupando bem seu tempo, fazendo boas caminhadas, pegando o sol do amanhecer e cultivando o riso e o bom humor.

SOLUÇÃO

Para fechar esse assunto, não posso deixar de darlhe duas sugestões úteis: a primeira, é amar. Amor é vida, é energia, é beleza, é juventude, é bem-estar.

Principalmente para você, que anda às voltas com seus achaques, quero relembrar uma frase de Paracelsus, médico e alquimista da Idade Média: "A origem suprema de todo medicamento é o amor".

Ame a si mesmo.

Ame a natureza.

Ame a vida.

Ame os animais.

Ame seu próximo como a si mesmo.

Ame a Deus.

Ame sua idade, porque você é um privilegiado.

Por mais que você dê amor, ele nunca diminui em você. Eis um belo milagre.

Se pintar um Amor na sua jornada, abrace-o, porque fará você vinte anos mais jovem.

O amor é fonte de energias, libera endorfinas que produzem bem-estar e, ainda por cima, fortalece o sistema imunológico.

A segunda sugestão é cultivar a alegria e o riso até não querer mais.

Certa vez, foi entrevistada, na televisão, uma mulher com 120 anos. Disse ela que chegou a essa idade porque passou a vida sorrindo. E aconselhou as pessoas a sorrirem.

Rir é sempre um grande remédio.

Diz a bíblia e vamos repetir para você:

"A alegria do coração prolonga a vida, ao passo que a tristeza a encurta".

Escolha o melhor, escolha a alegria. E ria até da própria cara.

Um dia perguntaram a uma velhinha, chamada Olga, de 90 anos, que nessa idade conseguiu escalar o segundo ponto mais alto dos EUA, que conselho daria às pessoas.

Ela respondeu:

- Ter mente positiva e ter um objetivo na vida. Pense nisso.

E releia o capítulo da alegria.

Capítulo 23

RELAX PARA A CURA

Quando uma pessoa entra em estado de profundo relaxamento, transmite ao organismo as melhores condições para o processo da cura.

O próprio Jesus disse, certa vez: "Tudo que pedirdes ao Pai, em estado de oração, crendo, alcançareis."

Estado de oração é estado de profundo relaxamento, em que ocorre maravilhosa interação entre a mente e o corpo.

Sempre que o corpo fica relaxado, funciona livremente, calmamente, harmoniosamente.

O contrário dá-se quando o indivíduo está nervoso, agitado, irritado, apavorado, amedrontado, angustiado, ansioso.

O relaxamento é a porta da saúde.

A agitação é a porta da enfermidade.

O relaxamento é um dos caminhos para chegar ao nível mental alfa, nível ideal para o ser humano, porque a mente está em paz e aguçada nos seus campos de inteligência, sabedoria, poder, intuição, memória e criatividade; e o corpo está altamente receptivo ao comando mental.

Pelo relaxamento, a mente se torna positiva e poderosa, influindo decisivamente sobre o corpo.

No relax, o ritmo respiratório diminui. O mesmo sucede com o ritmo cardíaco. Os músculos relaxam e aliviam as dores. Produz-se uma sensação de paz e de calma, de menos cansaço e mais atenção. As reações fisiológicas podem ser controladas e a pessoa sente-se mais segura de si. Diminuem as doenças e os sintomas relacionados com o estresse. Desaparece a ansiedade, a raiva, a hostilidade. A depressão cede lugar ao bem-estar. Promove o equilíbrio mental. Elimina a insônia. Cria sentimentos prazerosos. Anula o estresse, que dificulta a gravidez, favorecendo-a. Melhora a saúde física e mental.

O Dr. Herbert Benson escreveu:

"Ao longo dos últimos anos, muitos grupos de pesquisa realizaram estudos científicos com o intuito de testar o valor da resposta de relaxamento no tratamento de diversas doenças. No New England Deaconess Hospital, ensinamos a resposta de relaxamento a pessoas com dores causadas por tensão muscular (que podem incluir alguns tipos de dores de cabeça), infertilidade, insônia, problemas psicológicos, arritmias cardíacas, tensão pré-menstrual e vários sintomas comuns relacionados ao câncer e à aids. Para essas doenças, existem bons indícios de que a resposta de relaxamento pode reverter alguns ou todos os danos causados pelo estresse e têm um impacto clínico significativo".(Equilíbrio Mente/Corpo).

Conta o Dr. Joel Gurin que, no Centro Médico da Universidade de Massachussetts, trinta pacientes, com diversas doenças - inclusive cardiopatias, câncer, diabetes, colite, dor crônica nas costas - estão meditando de olhos fechados, concentrando-se, em absoluto silêncio, na sensação da respiração que sai de seus corpos. A maioria das pessoas, que faz dessa simples prática parte de sua rotina diária, relata uma diminuição no sofrimento e até mesmo o alívio de muitos sintomas médicos.

O Dr. Joel informa ainda que, em um hospital de Cleveland, crianças com a crônica e intratável dor causada pelo câncer, estão aprendendo a livrar-se dela visualizando-se em um lugar descontraído e feliz. (Equilíbrio Mente/Corpo).

Benjamin O Bibb e Joseph Weed escreveram: "A saúde mental requer o relaxamento da mente". (O Poder da Cura Psíquica).

Para completar, trago ainda Louise Hay:

"O relaxamento é essencial para o processo de cura".

Para relaxar, coloque-se numa posição confortável, solte-se bem, feche os olhos e concentre-se na sua respiração, procurando ouvi-la e senti-la.

Uma música de paz e calma ajuda no relaxamento.

A seguir, concentre-se em cada parte do corpo, começando pela cabeça ou pelas extremidades, imaginando que está liberando, afrouxando, relaxando.

Faça tudo sem pressa, sem esforço, tranquilamente.

Seu corpo agradecerá esse gesto carinhoso e lhe devolverá a gentileza com valiosos benefícios para sua saúde.

EFEITOS DA MEDITAÇÃO NA CURA

Pelo relaxamento, você se concentra no corpo para conduzi-lo a um estado saudável de plena harmonia.

Pela meditação, você se concentra na mente e, através do domínio mental, processa o equilíbrio, a vitalização e a saúde de todo seu ser.

Na meditação, você acalma a mente e o corpo, baixa o ritmo cerebral para uma média de 14 ciclos por segundo, entrando no chamado nível alfa.

O estado de paz e de interação total que ocorre na meditação, conduz você a um contato profundo com o poder e a sabedoria interiores. Para usar a linguagem da religião, você abre caminho místico para o contato com Deus, que habita seu secreto.

A meditação leva ao momento mais alto, mais íntimo e mais forte da criatura humana.

A meditação anula estados de estresse, depressão, ansiedade, raiva, mágoa, ódios, tristeza, solidão, medos, negativismos, gerando paz de espírito, alegria interior, autoestima e visão positiva da vida. O organismo reage saudavelmente, fortalecendo o sistema imunológico, enxugando a adrenalina e liberando endorfinas, que são hormônios que aliviam as dores e produzem bem-estar. Entre outros efeitos, reduz o desgaste físico, melhora a qualidade de vida, tomando-a mais longa e produtiva.

Pesquisadores dos EUA descobriram indícios claros e visíveis de que meditadores experientes podem controlar a dor, o sangramento, a atividade cerebral, a tensão muscular e as infecções.

A meditação torna a respiração calma e profunda, sendo ótimo remédio para a síndrome do pânico.

Em estado de meditação, perdoe e cancele o passado, concentrando sua atenção no momento presente. Encontre uma bela razão para viver e seguir em frente, com alegria e fé, pelos caminhos maravilhosos deste mundo de Deus.

Capítulo 24

VOCÊ PODE CURAR OUTRA PESSOA

Não vamos falar da cura de outra pessoa através do médico, da clínica. Refiro-me aqui à cura de alguém pelo poder mental ou espiritual.

Existe esta possibilidade?

Claro que existe e os exemplos estão aí, aos milhares, desde todos os tempos.

Por que meios Jesus curava?

Como curavam os discípulos de Cristo?

Qual é a ação curadora que ocorre nos famosos santuários e lugares de peregrinação?

E os curandeiros como agem?

E os espiritualistas?

E os que agem pelo Poder da Mente podem curar?

E a oração dos carismáticos, por exemplo, cura?

O SER HUMANO EMITE E RECEBE ENERGIA CURADORA

A criatura humana é um fantástico universo que funciona pela interação entre a mente, o coração afetivo e o corpo.

Como se diz vulgarmente que a alma do carro é o motor, ainda que mal comparando, a mente é o centro vital que gera harmonia, vida, energia, interação, força, saúde. Por outro lado, a mente desarvorada, vai influir negativamente nesse universo, desorganizando, desestruturando, perturbando, deteriorando, inflamando, infeccionando, adoecendo.

A raiva e as preocupações, por exemplo, geram tensões, que produzem hipertensões, que vão, em última análise, explodir o órgão mais afetado ou mais fragilizado, ou mais relacionado com esses estados mentais. O excesso de adrenalina e cortisol, nesses casos continuados, enfraquece, por sua vez, o sistema imunológico, e aí a situação chega a níveis alarmantes.

Vamos, agora, ao fato consumado: a pessoa está doente. Está em baixa energia e sua indústria curadora interna encontra-se afetada ou em colapso. Ela busca ajuda. Apela para alguém que considera com forças curadoras.

COMO DEVERÁ AGIR O DOENTE

Antes de tudo, o paciente deve desejar ardentemente a cura. Ele sabe que não está bem, já procurou em vão os meios tradicionais de saúde e não obteve os resultados necessários. Continua buscando a saúde. Agora vai atrás das informações recebidas de que aquele método espiritual, ou aquela sessão de cura, ou aquela pessoa especial, ou aquele grupo de oração, estão realizando curas.

Se ele acredita na cura, os caminhos estão abertos para receber as energias curadoras. Se não acredita, mesmo assim faz bem em procurar essa alternativa porque o ambiente, as pessoas, os resultados, os exemplos, as palavras, as orações, os cantos, a aura do lugar, o entusiasmo dos que lá estão - podem desencadear a fé no doente desanimado e incrédulo.

Como é a mente que informa o corpo e lhe dá vida, ela deve estar aberta para essa realidade. Abrir a mente é acreditar na cura. Se a mente não aderir, quando muito a pessoa conseguirá receber um pouco de energia física, que não terá força suficiente para restaurar a ordem e a harmonia desse grandioso universo humano.

As curas ocorrem pela fé verdadeira - acreditar firmemente nesse método de cura - ou pela fé natural, que se chama sugestão.

Pela fé, a pessoa se abre inteiramente ao influxo das palavras e das ações curadoras que lhe são ministradas.

Pela sugestão, o enfermo consegue transmitir ao subconsciente, mesmo não acreditando, mensagens diretas de cura. Sabendo-se que tudo o que a mente subconsciente aceitar como verdade, executará, a sugestão é um caminho.

A sugestão torna o subconsciente receptivo. As reações positivas do subconsciente ajudarão a mudar o negativismo do paciente.

O ponto de partida da cura por terceiros é o desejo que tem o doente de ser curado.

Se acredita na cura, ótimo.

Se não acredita, é de se esperar que, no momento, ocorra mudança mental.

Se você não acredita irredutivelmente, porque o método atenta contra seus princípios mais sagrados, não perca tempo. Evite submeter-se a essa situação, porque é odiosa a você. Procure a pessoa ou o método que feche com suas crenças mentais ou espirituais.

Se algum curador, por exemplo, disser que você está doente porque tem um demônio dentro de si e essa crença não existe em você e nem pode existir porque a considera superstição, contrária à sua verdade e à sua ciência, ou a vê como absurdo irracional e primitivo, nem perca tempo. Aceite algo ou alguém que esteja de acordo com seus princípios, com a sabedoria interior, ou que para você esteja dentro das leis da probalidade e das possibilidades.

Lembre-se, antes de mais nada, que o mal não pode produzir o bem. O descaminho não levará ao caminho. O que é destrutivo, destrói. O que é construtivo, constrói.

Como você deve estar aberto às energias curadoras, não adianta ir a lugares ou pessoas que fecham seus canais receptivos.

O melhor remédio de cura pela religião é daquela cujas crenças você professa. Nessa doutrina que você se criou e que significa o centro de sua espiritualidade, embora não professe atualmente, você encontrará maior chance de tocar a sua fé e produzir até mesmo o milagre.

Repetindo: as primeiras condições exigidas para você beneficiar-se da cura através de terceiros são desejar a cura e acreditar nela.

É RACIONAL ACEITAR QUE ALGUÉM POSSA CURAR VOCÊ?

O Dr. PH.D Kennet Pelletier, membro sênior do Centro de Pesquisas na Prevenção de Doenças de Stanford, EUA, e Diretor de Saúde da Faculdade de Medicina da Stanford University, escreveu:

"A mente e o corpo estão intrinsecamente ligados e sua interação exerce, a cada segundo, uma profunda influência sobre a saúde e a doença, a vida e a morte. Atitudes, crenças e estados emocionais, que vão de amor e compaixão a medo e raiva, podem desencadear reações em cadeia que afetam a química do sangue, a frequência cardíaca e a atividade de cada célula e sistema orgânico do corpo - do estômago ao sistema imunológico, passando pelo trato gastrointestinal. Hoje, tudo isso é verdade indiscutível". (Equilíbrio Mente/Corpo).

A verdade exposta pelo Dr. Kennet concilia-se

com a outra verdade de que todos os seres humanos somos uma unidade a nível da mente subconsciente. Ora, se somos unidade, a energia de uma pessoa pode passar para outra pessoa, se esta aceitar, ou seja, se abrir seus canais receptivos.

A receptividade é extremamente importante.

Clélio Bert disse que "nós irradiamos energia por meio de ondas. As fotografias Kirliam são provas contundentes da emissão de ondas pelos seres humanos. Ademais, basta nos aproximarmos de uma pessoa para podermos sentir o calor por ela irradiado. A energia irradiada possui um comprimento de onda determinado pelos estados físicos e psíquicos da pessoa... Duas pessoas, ao se encontrarem, têm seus comprimentos de onda interagindo. A tendência é entrarem em sintonia, como os violinos". (Prazer, Um Caminho Para o Autoconhecimento).

Veja, ainda, o que diz o conhecido pensador Prêntice Mulford: "Se enviarmos aos outros forças que emanam de uma fonte de saúde, isto é, de um espírito são, é evidente que enxotaremos para longe dela a doença, ou, pelo menos, daremos grande alívio ao seu corpo. O nosso próprio pensamento, ajudado pelos sãos pensamentos dos outros, chegará a reconstruir a substância real, capaz de reconfortar e fortalecer o órgão ou organismo enfermo ou dolorido, abrindo amplo caminho por onde possam chegar até ele os elementos necessários para lograr o seu restabelecimento". (Nossas Forças Mentais).

Se formos analisar profundamente o processo de

cura, que ocorre na pessoa, chegaremos à conclusão de que todo restabelecimento da saúde, seja por remédio ou pelo que for, em última instância é mental, ou seja, efetuado através da mente.

O ponto de partida da cura é a mente.

Se alguém, ou alguma coisa exterior, conseguir mudar positivamente os padrões mentais do paciente, começou o processo da cura. A mente abriu-se à cura e o corpo responde de acordo. Sim, porque a mente impregna todo o corpo e é a vida dele.

É racional admitir que alguém possa curar você, porque essa pessoa pode conseguir abrir sua mente para a cura e desencadear os seus próprios poderes autocuradores. E pode, ainda, irradiar para você as energias curadoras de que dispõe.

QUEM É CURADOR?

Qualquer pessoa pode orar por você ou mentalizar sua cura, e com isso está emitindo energias curadoras que auxiliam seu processo de cura.

A palavra positiva de alguém também é energia curadora.

Curador é o indivíduo saudável, positivo, humanitário, generoso, bondoso, solidário, cheio de fé, que deseja curar pessoas, acredita no seu dom e o utiliza para a cura.

Existem pessoas carismáticas, que são verdadeiros dínamos de energia, e a irradiam amorosamente, com aquela fé que move montanhas. Essas pessoas obtêm resultados. Os resultados fortalecem a fé dos que procuram e assim cria-se um círculo maravilhoso de fé, que gera a cura, que gera a fé, que gera a cura, que gera a fé.

Há curadores clarividentes que veem a parte do corpo doente ou a causa psíquica da enfermidade. Esses impressionam sobremaneira o paciente, ativando, assim, a fé e produzindo as melhores condições de cura.

Há curadores cuja fama lhes empresta uma aura de poder curador e isto fortalece a fé do enfermo.

Há curadores envoltos em grande espiritualidade, a qual leva o doente a acreditar no seu poder curador por meio de Deus, de Nossa Senhora, de um santo, ou por qualquer meio espiritual ou místico.

Todo curador verdadeiro precisa ter espírito positivo, solidário e compassivo, ter fé no poder de cura e dispor-se a passar sua energia curadora ao necessitado.

QUANDO O OUTRO CURA VOCÊ?

Inicialmente é bom ressaltar que ninguém tem poder absoluto sobre ninguém. Nem para realizar o bem e nem para o mal.

Uma coisa é a pessoa ter poder de cura, outra coisa é esse poder ser aceito pela outra pessoa.

Graças ao dom da liberdade, a pessoa enferma pode aceitar ou não a ação curadora de alguém.

Se a pessoa se fecha pela incredulidade ou por não

concordar com o curador, a energia curadora encontrará as portas fechadas e retornará ao curador.

Também se torna inútil o trabalho de cura se a pessoa entende que seu mal não tem solução.

E que dizer daqueles que acham que devem sofrer seus males porque acreditam piamente que o sofrimento agrada a Deus? Também estão bloqueando qualquer tipo de ajuda.

Há, ainda, os que se conformam com o sofrimento porque alimentam a crença de que assim estão pagando os pecados.

Sem falar daqueles que imaginam que o sofrimento é o preço do céu.

Como a própria pessoa é dona de si mesma, autora da própria vida, qualquer processo de cura produzirá resultados se ela deseja, acredita e abre as portas interiores.

Até o melhor e maior curador do mundo esbarrará necessariamente na vontade e liberdade do outro.

Certa vez, uma moça veio falar comigo muito decepcionada, porque fizeram uma corrente forte de orações e mentalizações para a cura do pai e, no entanto, ele morreu.

- Não acredito mais no Poder da Mente e nem em Deus - dizia ela amargurada.

Respondi-lhe que o Poder de Deus e o Poder da Mente nunca falham, em si mesmos. Se não produziram efeito, a única causa só pode ser o receptor. O Poder existe, mas não funciona se não tem sobre o quê funcionar.

- O senhor acha que meu pai não queria curar-se? - perguntou ela espantada.

- Essa não é a única questão. Podia ser que seu pai desejasse a cura mas não acreditasse mais que fosse possível, devido ao estado avançado da doença. Podia ser que o médico lhe dissera que o caso dele era incurável e ele aceitou o veredicto. A pessoa pode aceitar o diagnóstico, mas nunca o veredicto. Também era possível que o sofrimento fosse tanto que, consciente ou subconscientemente, ele desejasse morrer. Podia ainda acontecer que houvesse uma causa muito particular que o fizesse desistir da vida. Podia ser que ele tivesse uma crença pela qual se oferecesse como vítima em benefício de um filho ou de alguém. Enfim, só haveria condições de emitir um julgamento correto se fosse possível entrar na cabeça do pai e analisar todos os pensamentos e crenças lá existentes.

A mesma observação eu recebia, pelo Brasil afora, quando da morte de Tancredo Neves: como eu podia afirmar que o Poder da Mente era infalível se o Brasil todo orava por Tancredo e mentalizava para ele, ocorrendo, no entanto, seu falecimento?!

O Poder interior é infalível da própria pessoa para si mesma, porque ela é a única autora da sua vida. Os outros podem ajudar, mas não têm poder absoluto.

Se todo mundo pudesse determinar a vida e a morte de todo mundo, imagine você a barafunda total que seria a humanidade.

Deus é Deus, por isso mesmo age com toda sabedoria, que, muitas vezes, transcende a capacidade humana de compreensão.

As leis do Infinito são sábias, corretas, positivas e invioláveis.

Eu sempre dou o mesmo conselho quando uma pessoa querida da família vem a falecer: "Deixe-a com Deus. A dimensão da vida transcende essa etapa terrena. Não há como emitir um julgamento exato, por isso de nada vale perder tempo em considerações que não conseguem levar a uma conclusão correta".

Voltando ao assunto propriamente dito, terceiros podem curar você - para usar a linguagem comum - quando você deseja a cura e acredita realmente nela. Nesse caso, estão abertos os canais de cura e a ação do curador atuará beneficamente somando-se à força interior do enfermo.

A CURA PODE SER INFALÍVEL?

Se o paciente mantiver fé definitiva de que será curado, todas as forças finitas e infinitas se conjugarão para que o resultado infalivelmente aconteça.

Já dizia o apóstolo Tiago, na sua carta aos Hebreus:

"E a oração da fé curará o enfermo".

Como o curador está fortalecendo a oração da fé existente no doente, a cura se processará.

Seja você respeitável curador, ou um simples familiar ou amigo, sua palavra de cura será uma energia poderosa em benefício do doente. Talvez até seja o impulso que faltava para o paciente sobrepujar o medo e a descrença na cura.

COMO AGIRÁ O CURADOR

Há inúmeros métodos usados por curadores. Na verdade, cada curador tem o método que sua fé determina.

Veja alguns métodos usados:

A imposição de mãos.

A bênção da cura.

A mentalização de cura.

Uma oração reconhecida como poderosa.

A invocação de Jesus Curador, acreditado como milagroso.

Por uma novena tida como caminhada infalível de cura.

Um local considerado santificado e milagroso.

Um ritual aceito como portador de energias sanadoras.

Um sermão de cura.

Enfim, métodos são métodos. A essência da cura está na mudança mental do doente.

Se o enfermo continua com a mente ligada nas causas da enfermidade, o efeito continuará a ser o mesmo. Muda-se a causa, muda-se o efeito.

O papel do curador, pensando bem, é mudar a

mentalidade do doente, fazendo com que acredite na cura e dirija-se a ela com toda fé.

Qualquer método correto e positivo que usar para tanto, está bem.

Qualquer método prejudicial a alguém, deve ser repudiado.

O mal jamais poderá produzir o bem.

O CURADOR NÃO COBRA A CURA

Se a pessoa dedicada a curar, não cobrar absolutamente nada, é ótimo. É sinal de que não precisa de dinheiro para viver.

Nenhum curador, ao que eu saiba, cobra a cura.

Ele está cobrando o seu tempo, o custo da infraestrutura, os utensílios usados, o salário dos que o ajudam, os impostos a serem pagos, as taxas de água, luz, esgoto, telefone, o aluguel da casa, a condução para o seu trabalho, os impressos, o seu sustento e o da família.

Ele está dando a entender o seguinte: Eu me dedico a essa missão de misericórdia e vocês me ajudam a pagar os compromissos, na medida do possível.

O que a pessoa paga não é a cura, ou o milagre, ou a oração, mas uma parcela dos gastos do curador.

A bíblia já diz que todo operário é digno do seu salário. Quanto mais altas as necessidades, mais alto o custo.

O sacerdote, por exemplo, não cobra a oração da missa. Não vende missa. O que ele recebe se refere ao seu sustento e às suas necessidades para a melhoria do seu trabalho, assim como se refere também aos gastos de limpeza, velas, alimentos, manutenção do templo, salário dos ajudantes, assim por diante.

CURADORES MAL-INTENCIONADOS

Há um tipo de curadores mal-intencionados, que são verdadeiros criminosos. São aqueles que ameaçam e apavoram os clientes.

Uma vez, atendi uma jovem desesperada, porque não queria mais ir ao seu curador, mas ele ameaçou-a dizendo que, se não voltasse, uma grande desgraça se abateria sobre ela.

Outra pessoa, que me procurou, estava assustada porque, se não pagasse um valor xis ao curandeiro, seu filhinho, de um ano, sofreria um acidente fatal. A mulher não queria retornar ao curandeiro, nem tinha dinheiro para pagar o exigido, e, ao mesmo tempo, estava temerosa de ser culpada pela possível desgraça do filhinho.

- Se você não voltar, não se curará - ameaçou outro.

- Tenho que enterrar sua foto no cemitério para espantar os trabalhos que fizeram contra você e isso vai lhe custar tantos dólares - sentenciou outro curandeiro.

Ameaçar com desgraças sobre os seres mais queridos, traumatiza o cliente.

Muitos não querem acreditar nas ameaças, mas as palavras ficam martelando na cabeça, produzindo verdadeira obsessão, com efeitos altamente danosos à saúde e à vida dessas pessoas.

Isso é rematada maldade.

É crime de lesa-majestade contra a boa fé das pessoas.

Nunca se pode tolher a liberdade de ninguém. Jamais ameaçar criminosamente.

Se imaginassem o terrível drama de consciência por que passam as pessoas, muitas delas simples e ignorantes, esses charlatães não cometeriam tamanha maldade.

Lembrem-se, esses aproveitadores, do velho ditado: "Aqui se faz, aqui se paga".

Não está errado pedir para voltar. O crime está em ameaçar de desgraças ou morte, se não retornar.

Digo para essas pessoas acuadas: "Não voltem mais a ter com essa gente. O mal não pode produzir o bem. Além disso, pela Lei do Retomo, o mal voltará a eles e jamais atingirá vocês. Vocês têm Deus dentro de si, por isso são a força todo-poderosa, contra a qual nada e nem ninguém pode." Diz a bíblia: "Ninguém lançará mão de ti para te fazer mal".

Repito aqui a oração de proteção divina, do salmo 90, (ou 91), na primeira pessoa:

"Nenhum mal há de chegar perto de mim, nenhuma desgraça baterá à minha porta, pois o Senhor deu uma ordem aos seus anjos para, em todos os caminhos, me guardarem." Neste mesmo salmo, diz Deus:

"Ao invocar-me, eu ouvirei e atenderei".

OS MÉTODOS DE CURA USADOS E ENSINADOS POR JESUS

O maior curador que já pisou este planeta foi, sem dúvida, Jesus. Nenhuma doença resistiu aos métodos de cura por ele usados.

Há pessoas que dizem que só Jesus podia empregar aqueles métodos de cura, porque era filho de Deus. A verdade, no entanto, é diferente.

Jesus não curou por ser Deus e nem para provar que era Deus. Curou como ato de misericórdia e compaixão para com os sofredores. Como curar é ato de amor, ensinou seus métodos aos discípulos, que passaram também a curar os enfermos. O mais impressionante é que Jesus ensinou seus métodos de cura a todas as pessoas, indistintamente.

São três os métodos de cura usados e ensinados pelo Mestre.

A CURA PELA FÉ

O primeiro método é a cura pela fé.

O Poder curador de Jesus e a fé do doente entravam em sintonia, daí resultando a cura.

- Vai em paz - disse Jesus ao enfermo - a tua fé te curou.

E o doente ficou curado.

- Seja feito conforme tua fé - afirmou, noutra ocasião, Jesus.

O doente ficou são. O que é a fé?

É - conforme ensinou o Mestre - crer firmemente na realização da sua palavra.

A palavra de cura e a fé do enfermo realizam o milagre.

O curador acredita firmemente que a palavra produz a realidade do seu conteúdo. Quando a palavra se dirige a outra pessoa, é necessário que esta também acredite. Neste caso, processa-se a cura.

Não havendo a palavra, ou não havendo a fé do enfermo, não existirá a cura por este processo.

Você tem o poder da palavra e qualquer pessoa pode ter fé. Eis um método simples e poderoso.

A fé - ensinou Jesus - remove montanhas. Cura todas as doenças.

A CURA PELA PALAVRA

A palavra produz a realidade do seu conteúdo.

A palavra é o exercício do poder criador e curador. Você pode usar a palavra curadora para si mesmo e para outra pessoa.

A palavra é método importante para curar pessoas.

A palavra inflamada, ou a palavra suave, ou a palavra forte, enfim qualquer palavra determinada pela fé, é caminho simples e poderoso para curar alguém.

Jesus curou pela palavra.

- O que é que tu queres? - perguntou ao cego.

- Eu quero ver, Senhor.

- Veja!

E a palavra produziu a realidade do seu significado. Disse o Mestre ao paralítico:

- Moço, levanta-te, carrega o teu leito e vai para casa.

O moço levantou-se, tomou o leito sobre o qual foi levado a Jesus, e voltou curado para casa.

A palavra realizou o seu significado.

Diz a bíblia: "Ele enviou a sua palavra e os curou".

O evangelho de João começa mostrando o poder da palavra, que é a própria manifestação de Deus:

"No princípio era a Palavra e a Palavra estava com Deus no princípio. Pela Palavra foram feitas todas as coisas. Na Palavra estava a vida".

A palavra é a maneira como se exerce o poder curador.

A sua palavra de cura pode ser expressada pela oração, pela pregação, pela determinação, ou por uma ordem firme e resoluta. O essencial é que o curador acredite na sua palavra, assim como é essencial que o doente acredite na palavra de ordem.

A CURA PELA IMPOSIÇÃO DE MÃOS

Jesus impôs as mãos sobre os enfermos e os curou. Tomou pela mão a menina e a curou.

Numa outra oportunidade, ensinou a todas as pessoas: "Aquele que tiver fé, expulsará os espíritos malignos, falará línguas novas, pegará em serpentes, se beber veneno mortífero não lhe fará mal e imporá as mãos sobre os enfermos e eles ficarão curados".

Tem explicação? - Sim.

Tudo no universo é energia. O corpo é energia, o pensamento é energia, o sol é energia, tudo é energia.

Sabe-se que as mãos são a parte do corpo que melhor capta e que melhor transmite energia física, mental e espiritual. O método de passar energia através das mãos é antiquíssimo.

Uma pessoa saudável e positiva pode irradiar energia através das mãos.

A mente libera energia física através da imaginação. Não importa que tipo de imagem ou de palavras se usa para desencadear a força curadora; importa, isto sim, que a mente do curador acredite nesse poder, deseje transmiti-lo e faça a irradiação, neste caso através das mãos.

CONCLUINDO

1) Todas as pessoas saudáveis e positivas têm energia curadora, que pode ser passada a alguém.

2) Há pessoas que são mais curadoras, ou seja, têm o dom da cura e o cultivam generosamente em benefício dos outros.

3) O doente deve acreditar na sua cura e na ação do curador.

4) O doente deve estar receptivo.

Capítulo 25

USE A MEDICINA NATURAL

Geralmente, as pessoas pensam que só existem os remédios das farmácias e laboratórios.

Na verdade, os remédios essenciais para a saúde estão à sua disposição no laboratório farmacológico do seu próprio organismo.

Você viu algumas maneiras de aproveitar esses remédios: a alegria, a felicidade, o riso, a paz de espírito, o amor, a calma, o entusiasmo, a fé, o positivismo, o otimismo, o idealismo, a oração confiante.

Além desses, há remédios externos gratuitos, oferecidos pela natureza e pelo estilo de vida.

O sol, como já escrevi, atinge os olhos, que estimulam o cérebro a liberar o hormônio da serotonina. Esta substância previne a depressão. Além disso, transforma uma parte do colesterol em vitamina D. Mais: reduz a pressão sanguínea e diminui o açúcar no sangue. Prefira o sol matinal e do entardecer.

A caminhada faz um bem imenso à saúde. Dizem os entendidos que é mais saudável do que a ginástica e o couper. Procure caminhar com passo apressadinho e sem parar, durante quarenta minutos, ou mais, pelo menos duas vezes por semana. Essa atividade leva o cérebro a liberar endorfinas, que produzem bem-estar.

O lazer é ótimo, principalmente depois de intensa atividade mental, porque alivia o estresse e faz o cérebro produzir endorfinas.

A ginástica, o exercício físico, o esporte, são grandes fatores de saúde. Devem ser executados dentro das possibilidades, com orientação médica.

Turismo e excursões são maneiras de sair da rotina e esquecer as preocupações. A alegria e o bom humor do grupo contagiam e ajudam você a descontrair e sentir o prazer da vida. Muito bom para o organismo, que se sentirá descongestionado e bem-disposto.

A natação permite uma ginástica generalizada, sem forçar apenas uma parte do corpo.

A pescaria e o acampamento na natureza, ou caminhadas pela floresta, trazem momentos de descontração, de fraternidade, de contato com as energias cósmicas, que fazem bem ao organismo.

O sexo é um prazer de imensas consequências benéficas para a saúde.

Escreveu Donald Weiss: "Frequentemente as pessoas não valorizam o lado divertido do sexo. Elas igualam realização sexual com orgasmo. Ou pensam no sexo estritamente em termos de procriação, muitas vezes tratando-o como mandamento divino de "crescei e multiplicai-vos". Para eles, sexo como divertimento é mau ou pecaminoso. Ambos os grupos deixam de usufruir algumas das melhores experiências que se pode ter com o sexo". (Administre o Stress).

Essa colocação de Weiss faz-me lembrar um amigo que chegou a mim e me disse: "Por que será que tudo que é bom ou engorda ou é pecado?"

Se você encarar o sexo como alegre divertimento a dois, sem preocupação com desempenho, sem medos, sem complexo de culpa, sem ansiedades, os resultados para a saúde serão extraordinários, como revelam alguns estudos específicos.

Pesquisas feitas na Universidade de Stanford, Califórnia, constataram que o sexo fortalece o sistema imunológico; afasta o estresse; combate dores; perde calorias; regulariza a pressão sanguínea; melhora a circulação, prevenindo o infarto através de melhor absorção de oxigênio no sangue; estimula a produção do bom colesterol, (HDL), que ajuda a eliminar o mau colesterol, (LDL).

Outros estudos confirmam que o exercício sexual combate a arteriosclerose; oxigena as células da pele; favorece a produção do estrógeno, hormônio sexual feminino que mantém a pele firme por mais tempo.

O sexo leva o cérebro a liberar endorfina, hormônio que produz alívio, bem-estar e prazer, ajudando o corpo a relaxar e a mente a esvaziar, induzindo o sono.

Essa prazerosa atividade também pode queimar até 300 calorias, equivalente a uma sessão de ginástica, por isso pode ser considerada bom exercício de emagrecimento.

Por serem muito exigidos os músculos abdominais, o ato sexual funciona como verdadeira massagem anticonstipação.

Dizem ainda os cientistas que o sexo alivia a tensão pré-menstrual, clareia a memória e melhora a concentração, já que o hipotálamo - centro nervoso responsável pela memória e aprendizado - também é influenciado pelo prazer.

Donald Weiss acrescenta que o sexo envolve movimentos de alongamento e outras atividades físicas e cita pesquisas que indicam que a prática sexual baixa a pressão alta.

Entre outros hormônios, o sexo estimula o cérebro a liberar oxitocina, acetilcolina, endorfina, dietilamina, opiáceos, alguns calmantes e relaxantes. É por isso que já se disse que o cérebro é o principal órgão sexual.

Grande parte das pessoas não usufruem dos benefícios do exercício sexual porque carregam restrições, oriundas de educação reprimida, de ditames religiosos, de crenças de culpabilidade e de experiências traumatizantes.

O Dr. Max Cutler, diretor do Instituto de Cancerologia de Chicago, observou que 40 mulheres operadas de câncer na mama revelavam comportamentos semelhantes na vida. Todas, por exemplo, tinham aversão à relação sexual.

Claro que não é o fato de não ter relações sexuais a causa do câncer de mama, mas a maneira negativa como esse ato era interpretado por essas mulheres.

Há muitas pessoas que renunciam ao sexo e são maravilhosamente saudáveis, até porque seu estilo de vida tem outras maneiras de liberar hormônios prazerosos e benéficos.

Existe aquela piada do casal que não se sentia bem e foi consultar o médico, que atendeu um de cada vez.

Perguntou a ela:

- Vocês têm relações sexuais frequentes?

- Sim, doutor, muito frequente, fazemos sexo duas vezes por semana.

Depois o médico indagou ao marido:

- Vocês têm relações sexuais com frequência?

- Não senhor. Quase nunca, apenas duas vezes por semana.

É preciso haver uma reeducação mental sobre essa maravilha criada por Deus em benefício da humanidade.

Estou falando da compreensão de que o exercício sexual é altamente benéfico para a saúde. Quanto a fazer ou não, quando fazer, com quem, quantas vezes, isso é outro departamento. Há muitas considerações a serem feitas, individualmente, como gravidez, doenças contagiosas, aids, perturbações, conflitos, assim por diante.

Também a dança é saudável, porque fortalece o sistema imunológico, libera o estresse, dá um murro na depressão, produz prazer e aproxima as pessoas.

Por fim, tudo o que saudavelmente melhora a autoestima, excita sentimentos de amor, produz bem-estar, alegria e paz de espírito, seja por filmes, livros, teatros, quadros, pinturas, músicas, coisas do gênero, é ótimo remédio natural para a saúde.

Conheci pessoas que se transformaram apenas com a leitura de um de meus livros ou pela participação em Jornadas do Poder da Mente comigo.

Uma senhora de certa cidade de São Paulo mandou-me, tempos atrás, uma carta, cujo conteúdo mais importante passo a você:

"Lauro, um período de crise assolou minha vida; os conflitos matrimoniais me transformaram em uma pessoa pessimista, nervosa, e eram constantes os meus escândalos.

Até que, numa dessas vezes, cheguei ao cúmulo de tomar três caixas de tranquilizantes, quase entrando em estado de coma, desesperando assim as minhas filhas que, direta ou indiretamente, eram vítimas de nossos conflitos.

Foi quando meu médico resolveu me receitar um remédio diferente, um livro seu: "O Poder Infinito da Sua Mente", que foi o primeiro de toda minha coleção.

Minha vida se transformou, tornei-me otimista e querida por todos; e compreendi que cinco partes da minha vida (minhas filhas) necessitavam de mim e é graças a você que hoje, por elas, encontro forças para vencer qualquer obstáculo".

Esta mulher descobriu, da maneira mais singela, que a solução de tudo estava dentro dela mesma.

Procura-se demais no mundo exterior a cura, a paz de espírito, a alegria, a felicidade, a harmonia, a libertação do nervosismo, da depressão, do estresse e da tristeza, quando a fonte está no interior.

Veja as toneladas de comprimidos, calmantes, euforizantes, estimulantes, que são consumidas anualmente. Assim como a senhora da carta, milhões de pessoas se afogam em caixas de tranquilizantes. Quando o efeito passa, a depressão se exacerba.

O médico daquela senhora, num rasgo de inteligência, entendeu que ela necessitava mudar seus padrões mentais negativos e desesperançados.

Como escreveu o poeta romano Virgílio, que viveu setenta anos antes de Cristo: "Pode aquele que crê que pode".

Pensar é poder - assinalei no meu livro citado.

Ao criar um pensamento, está explodindo forças interiores e exteriores que conduzirão ao resultado desejado.

Aquela senhora estava num beco sem saída: a situação conflitiva exterior a perturbava e os remédios não resolviam.

Via-se impossibilitada de sair daquela situação, daí o impulso de autodestruição. Foi quando reconheceu o simples: a solução, o remédio, a paz, a harmonia e a felicidade estavam nela mesma, esperando que o poder criador do pensamento os acionasse.

Muita gente se afoga na praia.

Deus, ao criar o ser humano à sua imagem e semelhança, deu-lhe o poder de fazer a sua vida conforme seus pensamentos e desejos.

O pensamento é a maneira pela qual você aciona o poder imanente.

Nunca desanime. A salvação está dentro de você.

Capítulo 26

NOVA VIDA COM SAÚDE

Que bom que você fez toda essa caminhada comigo!

Posso acreditar que já começou uma nova vida, mais saudável e mais feliz?

Tenho certeza que você, tão inteligente como é, se conscientizou de que a saúde é o dom mais valioso, que deve preservar, acima de qualquer outra coisa.

Afirmo que a saúde é sua maior preciosidade pelo fato de que ela abrange a capacidade de ir, vir, pensar, criar, divertir-se, rezar, cantar, brincar, amar, ser feliz, ter sucesso, prosperidade, paz, bem-estar, harmonia, fraternidade e tudo o mais.

Quando você avaliar as causas das enfermidades e as dramáticas consequências negativas, aceitará fazer um esforço especial para pôr a casa em ordem.

Há pessoas que se atiram de corpo e alma à conquista de um lugar ao sol. Trabalham vinte e cinco horas por dia para ter casa, carro, conforto, empreendimentos, poupança, prosperidade e propriedades. Se pudessem, comprariam até um loteamento no céu. Esses não têm tempo para nada, não gastam nada, não querem saber de nada, não ajudam nada e não usufruem de nada. Descansar em fins de semana e fazer férias é botar tempo e dinheiro fora. São indivíduos que não comem ovo para não jogar fora a casca.

Conseguem ganhar, ganhar, ganhar. Só que a saúde se desgasta, a doença prolifera, e a consequência é gastar, gastar, gastar. Em médicos, remédios, tratamentos.

Onde ficou o ganho?

Ganhar para perder não é atitude inteligente.

O saldo entre o ganho e a perda, será vermelho, porque, além de tudo, a saúde se foi e, sem saúde, o resto perde significado.

Trabalhe, tenha planos empolgantes, sinta a glória da prosperidade, goste da riqueza, mas também descanse, divirta-se, promova o lazer da família, dê-se pequenos prazeres diários, que você merece.

Rico, que vive como pobre, é pobre.

Lembre-se também de que vale mais um calhambeque que anda do que um caminhão quebrado.

Infelizmente, muitos só dão valor à saúde quando não a têm.

Até os grandes milionários dariam a fortuna, na hora da morte, em troca de mais uns tempos de vida saudável. Você ainda não precisa propor essa troca. Então, cuide de si. Em proteção a esse bem inestimável, evite estresse, hostilidade, raivas, negativismos e atitudes pessimistas.

O melhor remédio para um pequeno aborrecimento é uma grande caminhada - escreveu Jaqueline Schieff, em National Enquirer.

Ria bastante. Você sabe que rir é o melhor remédio.

Ame-se e ame.

A famosa escritora Françoise Sagan escreveu que "a capacidade de rir em comum é a essência do amor".

Uma vez, sonhei que estava diante de um precipício intransponível e, à esquerda, vinha um leão furioso, à direita havia uma rocha abrupta e atrás apareceu um urso faminto. Como é que fiz para salvar-me?

Qual é a sua resposta?

Pois bem, quer saber como fui salvo? - Acordei. Talvez você esteja desesperado por enfrentar problemas de toda ordem e por todos os lados.

Não se deixe encurralar pelas preocupações, correndo para cá e para lá feito mosca tonta.

A calma é companheira da saúde e da riqueza.

Acorde.

Organize-se. Mentalize a solução e siga em frente, com fé e alegria.

Não esqueça, porém, que a vida é hoje, aqui e agora. Tenha metas grandiosas, mas lembre-se que o percurso é a vida.

Sorria todas as manhãs, descontraia, viva a vida e

realize seus sonhos.

Sempre com muita saúde física, emocional, mental e espiritual.

A vida é uma festa e cada dia é um milagre que merece ser celebrado.

Boa saúde.